OS NOMES DA INDEPENDÊNCIA

RODRIGO TRESPACH

OS NOMES DA INDEPENDÊNCIA

A HISTÓRIA DOS PRINCIPAIS PERSONAGENS DA EMANCIPAÇÃO POLÍTICA DO BRASIL E DO SETE DE SETEMBRO

1ª edição

Rio de Janeiro | 2024

CIP-BRASIL. CATALOGAÇÃO NA PUBLICAÇÃO
SINDICATO NACIONAL DOS EDITORES DE LIVROS, RJ

T732n
    Trespach, Rodrigo
        Os nomes da Independência : a história dos principais personagens da emancipação política do Brasil e do Sete de Setembro / Rodrigo Trespach. - 1. ed. - Rio de Janeiro : Difel, 2024.

        Inclui bibliografia
        "Edição revista e atualizada"
        ISBN 978-85-7432-163-9

        1. Brasil - História - Independência, 1822. I. Título.

24-88696
        CDD: 981.04
        CDU: 94(81).04

Meri Gleice Rodrigues de Souza - Bibliotecária - CRB-7/6439

Copyright © Rodrigo Trespach, 2021, 2024

Todos os direitos reservados. Proibida a reprodução, armazenamento ou transmissão de partes deste livro, através de quaisquer meios, sem prévia autorização por escrito.

Todos os esforços foram feitos para localizar os fotógrafos das imagens neste livro. A editora compromete-se a dar os devidos créditos em uma próxima edição, caso os autores as reconheçam e possam provar sua autoria.
Nossa intenção é divulgar o material iconográfico que marcou uma época, sem qualquer intuito de violar direitos de terceiros.

Texto revisado segundo o Acordo Ortográfico da Língua Portuguesa de 1990.

Direitos exclusivos desta edição adquiridos pela Difel,
um selo da Editora Bertrand Brasil Ltda.
Rua Argentina, 171 – Rio de Janeiro, RJ – 20921-380 – Tel.: (21) 2585-2000.

Impresso no Brasil

ISBN 978-85-7432-163-9

Seja um leitor preferencial Record.
Cadastre-se no site www.record.com.br
e receba informações sobre nossos
lançamentos e nossas promoções.

Atendimento e venda direta ao leitor:
sac@record.com.br

Sumário

Apresentação····9

1. D. Pedro I····13

Juventude, educação e casamento····14
Príncipe regente····17
Independência ou morte····19
Imperador····22
D. Pedro IV····26

2. Testemunhas do Grito do Ipiranga····29

Francisco Gomes da Silva (1791-1852): O Chalaça····31
Antônio Leite Pereira da Gama Lobo (1782-1857):
	Comandante da Guarda de Honra····33
Manuel Marcondes de Oliveira Melo (1776-1863):
	Subcomandante da Guarda de Honra····35
Belchior Pinheiro de Oliveira (1775-1856): O padre····36
Luís de Saldanha da Gama (1801-37): O secretário····39

3. A corte····41

D. João VI (1767-1826): Rei nos trópicos····42

Carlota Joaquina (1775-1830): A rainha indomável 46

D. Leopoldina (1797-1826): A imperatriz 48

Marquesa de Santos (1797-1867): Na cama do imperador 52

Frei Arrábida (1771-1850): Professor e confessor 55

Luís Joaquim dos Santos Marrocos (1781-1838): O bibliotecário 58

4. Os monarquistas 61

José Bonifácio (1763-1838): O patriarca 62

José Clemente Pereira (1787-1854): O homem do Dia do Fico 67

Francisco de Lima e Silva (1785-1853): O homem das armas 70

Vasconcelos de Drummond (1794-1865): O diplomata 72

5. Os republicanos 77

Cipriano Barata (1762-1838): O agitador 78

Frei Caneca (1779-1825): O mártir pernambucano 81

Manoel de Carvalho Paes de Andrade (1774-1855): O líder
da Confederação do Equador 85

Joaquim Gonçalves Ledo (1781-1847): O articulador
da Independência 87

6. Os estrangeiros 91

Barão de Mareschal (1785-1851): O diplomata 92

Jorge de Avilez (1785-1845): O governador de Armas 93

Lorde Cochrane (1775-1860): O almirante 96

Pierre Labatut (1776-1849): O general francês 99

Georg von Schaeffer (1779-1836): O agente da imigração 102

7. Heroínas da pátria 105

Bárbara de Alencar (1760-1832): A republicana do Crato 106

Joana Angélica (1761-1822): A religiosa 109

Maria Quitéria (1792-1853): A mulher-soldado 111
Maria Felipa (século XIX): A heroína negra 114

8. Os maçons 117

Hipólito José da Costa (1774-1823): O jornalista 118
João Mendes Viana (século XIX): Irmão Graco 121
José Joaquim da Rocha (1777-1848): O Clube da Resistência 122
Frei Sampaio (1778-1830): O intelectual 125
Cônego Januário (1780-1846): Irmão Kant 127

9. Os artistas 131

Jean-Baptiste Debret (1768-1848): O pintor da corte 132
Johann Moritz Rugendas (1802-58): O pintor do Brasil 135
Simplício Rodrigues de Sá (1785-1839): O professor 137
Evaristo da Veiga (1799-1837): Hino da Independência 139
François-René Moreaux (1807-60): O pintor da Proclamação 143
Pedro Américo (1843-1905): O pintor do Grito do Ipiranga 144
Francisco Manuel da Silva (1795-1865) e Joaquim Osório
    Duque-Estrada (1870-1927): Hino Nacional 147
Georgina de Albuquerque (1885-1962): A mulher
    como protagonista 149

10. Cronistas e historiadores 151

Auguste de Saint-Hilaire (1779-1853): O sábio 152
Luiz Gonçalves dos Santos (1767-1844): O padre Perereca 154
Maria Graham (1785-1842): A cronista inglesa 156
Carl Seidler (século XIX): O mercenário alemão 158
John Armitage (1807-56): O comerciante inglês 160
Adolfo de Varnhagen (1816-78): O historiador 161
Oliveira Lima (1867-1928): O diplomata 163

Dramatis Personae	165
Glossário	177
Cronologia	189
Notas	193
Referências	197
Créditos das imagens	205

Apresentação

Este livro não é uma história da Independência do Brasil, tampouco do Grito do Ipiranga. Pelo menos não do modo convencional. É a história do Sete de Setembro – um pouco antes e não muito depois – vista a partir da vida de nomes como Gonçalves Ledo, Gama Lobo, padre Belchior, frei Arrábida e frei Caneca, cônego Januário, José Joaquim da Rocha, Maria Quitéria, Evaristo da Veiga, Maria Graham, Simplício de Sá, John Armitage e até mesmo Pedro Américo e Georgina de Albuquerque, entre outros. Ao todo, são cinquenta biografias curtas dessas figuras históricas. Quem eram? O que pensavam e disseram sobre d. Pedro I e o Brasil do século XIX? O que fizeram e que fim levaram? Alguns personagens deste livro não passam de notas de rodapé em muitas obras sobre a Independência – e essa é uma das razões para que eles estejam aqui; afinal, como afirmou certa vez o britânico Thomas Carlyle, a história é a "soma de incontáveis biografias".

Alguns deles mereciam mais atenção por parte dos historiadores modernos e, por sua importância na história brasileira, uma biografia à altura de suas contribuições ao país. É o caso, por exemplo, do padre Belchior, de Gonçalves Ledo, Bárbara de Alencar, Maria Quitéria, entre outros, para mencionarmos apenas os nascidos no país.

A maioria dos biografados viveu parte considerável de sua história no século XIX. Reconstruir a vida de pessoas dessa época não é tarefa fácil. A precariedade de fontes primárias (em um país que é tão pouco cuidadoso com seus arquivos) e bibliográficas é um grande desafio (o que talvez explique, em parte, a falta de biografias). Informações simples, como datas de nascimento ou casamento, formação ou o nome do cônjuge, por vezes não são encontradas ou estão tão dispersas e fragmentadas que dificultam a pesquisa, criando um intrincado quebra-cabeça. Cargos e funções públicas, além de condecorações e patentes militares, são outro problema. Os postos do Exército nos séculos XVIII e XIX não correspondem exatamente aos de hoje.

Na primeira parte, elaboramos capítulos temáticos, de acordo com o papel que cada indivíduo teve no Brasil joanino, na Independência, no Primeiro Reinado e até mesmo na construção da imagem desses períodos (alguns biografados viveram no Centenário da Independência). Apenas d. Pedro I ganhou um espaço maior, um capítulo inteiro; ainda assim, muitos aspectos de sua vida e personalidade estão espalhados ao longo de outras biografias, todas entrelaçadas de uma forma ou outra.

A separação dos nomes por assunto, porém, não encerra a história de cada um. Eles foram divididos em grupos por conveniência e didática. Qualquer que seja o primeiro interesse do leitor, cada biografia pode ser lida ou acompanhada de forma independente, sem uma ordem cronológica tradicional, e depois complementada com a leitura de outros nomes ou verbetes.

Na segunda parte, uma lista de personagens, um glossário, uma cronologia e um capítulo de notas servem de referência, tanto para leitura e compreensão do livro quanto da história da Independência do Brasil, ainda que de forma sucinta.

Como a obra contém um número considerável de biografias curtas, o uso de notas e referências no texto, embora um importante hábito do historiador, tomaria um espaço substancial da narrativa – além de tornar a leitura mais pesada para o público menos acostumado. Assim, optamos por usar notas somente nas citações longas ou quando o autor da frase ou relato não é mencionado no texto, indicando a referência de maior

APRESENTAÇÃO

importância. Todo o aparato acadêmico utilizado na pesquisa está reunido nas referências. O texto, na maioria dos casos, faz indicações aos autores citados, possibilitando que o leitor mais crítico encontre a fonte original no final do livro.

Trabalho algum é realizado sozinho, por isso preciso agradecer àqueles que me ajudaram a tornar esta obra possível. Agradeço ao jornalista Laurentino Gomes, ao historiador Rafael Dantas e ao cientista político Luiz Carlos Ramiro Júnior a leitura crítica do livro. Ao amigo Omar Souza, que me sugeriu escrever sobre personagens históricos e que me proporcionou uma primeira publicação; a Cassiano Elek Machado, por acreditar no projeto; ao meu editor Lucas Telles e à equipe do editorial da Record, Júlia Moreira e Thaís Lima, que trabalharam na preparação e fizeram os ajustes necessários para que o livro ganhasse a forma atual. A todos, meu muito obrigado. Por último e não menos importante, agradeço à minha família, esposa e filhos, a paciência e amor infinito.

Rodrigo Trespach
Osório, verão de 2024

1

D. PEDRO I

Há dois séculos, quando o Brasil começou a resplandecer como nação independente e soberana, a luz no horizonte do país era irradiada por um jovem de apenas 24 anos. Até aquele momento, não mais do que um rapaz mal-educado, irresponsável, mulherengo e briguento, filho de um rei indeciso e de uma rainha temperamental. D. Pedro não tinha aptidão alguma para liderar a fundação de uma nova nação – pelo menos, não era nada do que se esperaria de um herói nacional. Costumava ser hiperativo, impulsivo, volúvel e contraditório, generoso e autoritário ao mesmo tempo. O historiador Adolfo de Varnhagen o descreveu como dotado de um "talento natural", embora pouco instruído, "um tanto vaidoso, mas bastante franco, generoso, liberal e ativo". Um de seus mais famosos biógrafos, Tarquínio de Sousa, afirmou que nele estavam reunidos "ímpeto puro e originalidade autêntica". Paulo Rezzutti, seu biógrafo mais recente, o definiu em poucas palavras (talvez a melhor sentença): "Gênio afoito, indomável, imprudente, independente e aventureiro." Enfim, o jornalista Laurentino Gomes escreveu que o primeiro imperador brasileiro foi "um meteoro que cruzou os céus da história numa noite turbulenta".[1]

1. O Rio de Janeiro na década de 1820, em gravura de Johann Moritz Rugendas para o livro *Viagem pitoresca ao Brasil*, de 1835.

JUVENTUDE, EDUCAÇÃO E CASAMENTO

Uma das figuras mais retratadas da história brasileira, a julgar pelos relatos da época, d. Pedro era simpático e bem-feito de corpo, de estatura mediana (1,73 m, segundo o levantamento antropométrico realizado em seus restos mortais em 2012), cabelos pretos e anelados a lhe cobrir a fronte. Os olhos eram pretos e brilhantes; o nariz, aquilino; a boca, regular; os dentes, bem alvos. Tinha marcas da varíola, mas sua esposa o achava "tão lindo como um Adônis", o jovem da mitologia grega que despertara o amor de Afrodite.

Filho de d. João VI e d. Carlota Joaquina, d. Pedro nasceu em 12 de outubro de 1798 no palácio de Queluz, ao norte de Lisboa. Tal como o pai, não era o primogênito da família. Desde o duque de Bragança, no século XVII, uma "maldição" impedia o primeiro herdeiro da dinastia de viver para governar, cabendo sempre ao segundo o direito de sucessão.

D. Pedro, então príncipe da Beira, chegou ao Brasil com a família real, em fuga das tropas de Napoleão Bonaparte, em 1808. Tinha o rapaz menos de dez anos e mal havia começado os estudos. O Brasil, de modo geral, não tinha nada a oferecer culturalmente: não existiam teatros, museus ou bibliotecas. Apesar dos esforços de seus preceptores, sua educação foi precária.

O jovem indisciplinado dedicou-se apenas à música. D. Pedro demonstrava interesse maior por noitadas, farras e mulheres – uma "insaciável fome de mulheres", escreveu um de seus biógrafos. Começou cedo a frequentar casas noturnas, principalmente depois que conheceu Francisco Gomes da Silva, seu grande amigo e secretário particular, conhecido como "Chalaça". Cercado de "lacaios e criados", escreveu um observador estrangeiro, d. Pedro adotou a "gíria grosseira e obscena" dos bordéis, dando livre vazão a seus "desejos libertinos". Um militar mercenário alemão descreveu assim a fama do futuro imperador: "As mais lindas mulheres aspiram ao seu afeto e dizem que raramente ele deixa alguma padecer sem ser atendida. A verdade é que d. Pedro não é muito delicado em sua escolha, nem pródigo em recompensar o gozo recebido."[2]

O contemporâneo fazia referência às prostitutas da rua do Ouvidor e às escravizadas das senzalas. Não à toa, o príncipe, depois imperador, teve um número extremamente grande de filhos bastardos. Além dos oito nascidos de seus dois casamentos reais, pelo menos mais doze foram reconhecidos, incluindo os cinco com Domitila de Castro do Canto e Melo, a marquesa de Santos, sua mais famosa e influente amante. A julgar pelos relatos, a conta, no entanto, pode passar facilmente de quarenta.

Seja como for, em 1816, aos dezoito anos, o herdeiro do trono português precisava se casar. A noiva encontrada foi uma princesa Habsburgo. Portugal e Áustria selaram o acordo pré-nupcial, e em fevereiro do ano seguinte o marquês de Marialva, responsável pelo contrato, foi encarregado do pedido formal da mão de d. Leopoldina. A arquiduquesa abdicou de seus direitos ao trono austríaco e em 13 de maio o casamento foi realizado, em Viena, sendo o noivo representado pelo arquiduque Carlos, tio da princesa. D. Leopoldina deixou a capital austríaca em junho de 1817 e seguiu para a Itália, de onde zarpou para o Brasil em agosto. Depois de quase três meses de viagem, em 5 de novembro, chegou ao Rio de Janeiro, formalizando o matrimônio no dia seguinte.

Para Portugal, o casamento tinha duas finalidades claras: aliar a família real portuguesa à mais poderosa casa real europeia e contrabalançar a influência inglesa sobre os domínios lusitanos, fortalecendo, assim, o poder monárquico no Brasil, desde 1815 elevado à categoria de Reino Unido a Portugal e Algarves. D. Leopoldina daria a d. Pedro sete filhos, quatro meninas e três meninos, dos quais apenas um sobreviveu, o futuro imperador brasileiro d. Pedro II, nascido em 1825. Entre as mulheres, a mais velha viria a ser rainha de Portugal, como d. Maria II.

2. Chegada de d. Leopoldina ao Rio de Janeiro, em 1817, em gravura de Debret para o livro *Viagem pitoresca e histórica ao Brasil*, de 1839.

D. PEDRO I

PRÍNCIPE REGENTE

Em agosto de 1820, com a família real ainda radicada no Brasil, estourou em Portugal a chamada Revolução Liberal do Porto – Revolução do Porto ou ainda Revolução de 1820. O movimento criou uma junta governativa que convocou uma assembleia, as chamadas Cortes, de onde sairiam leis que diminuiriam o poder e as decisões reais. Influenciada pelo Iluminismo e pela Revolução Francesa, a revolução portuguesa exigia que se adotasse uma Constituição elaborada em assembleia, conforme o desejo e o anseio populares.

Em fevereiro de 1821, pressionado, d. João VI jurou respeitar a Constituição a ser criada. Pela primeira vez em sete séculos, um rei português aceitava diminuir sua autoridade diante de um congresso convocado sem seu consentimento. O Brasil, de seu lado, teve a primeira oportunidade, em mais de trezentos anos, de enviar para Portugal representantes eleitos para tratar de assuntos de interesse do reino.

Convocada a assembleia, quase cinquenta deputados brasileiros se dirigiram a Lisboa. Entre os principais nomes do grupo, estavam homens como Cipriano Barata e Gonçalves Ledo. O momento era importante, mas não havia consenso entre os representantes do Brasil. Alguns eram republicanos, haviam participado da Inconfidência Mineira e da Revolução Pernambucana. Outros desejavam a manutenção da condição de reino, estabelecida seis anos antes. Quando parte da comitiva brasileira chegou, entretanto, foi surpreendida com as decisões já estabelecidas. O Brasil voltaria à condição de colônia, sendo seu território dividido em províncias autônomas que responderiam diretamente a Lisboa, não mais ao Rio de Janeiro.

Obrigado a regressar à Europa e prevendo o que aconteceria logo adiante, d. João VI deixou o filho e herdeiro do trono português ciente de que a Independência brasileira era uma questão de tempo. Aconselhando o agora príncipe regente, fez um pedido premonitório: "Pedro, se o Brasil se separar, antes seja para ti, que me hás de respeitar, do que para algum desses aventureiros."

Em setembro de 1821, as Cortes mandaram fechar as repartições governamentais no Rio de Janeiro, anularam as decisões dos tribunais de Justiça e ordenaram o imediato retorno de d. Pedro a Portugal. Quando as ordens chegaram ao Brasil, a ideia de Independência, até então na cabeça de poucos, ganhou força. A maçonaria, bem articulada, redigiu uma representação por meio de frei Sampaio e coletou 8 mil assinaturas. O documento foi entregue ao príncipe, pedindo a permanência dele no Brasil. No dia 9 de janeiro de 1822, d. Pedro tornou pública sua posição: "Como é para o bem de todos e felicidade geral da nação, estou pronto; diga ao povo que fico."

Provavelmente não foram essas as palavras proferidas. Em uma primeira publicação oficial distribuída na imprensa, o príncipe teria falado sobre o "bem de toda a nação portuguesa". O fato é que a versão final do chamado Dia do Fico agradou aos brasileiros e à d. Leopoldina, já inclinada à causa da separação. Ao noticiar Lisboa, o governo no Rio de Janeiro insistiu na permanência de d. Pedro, declarando que o Brasil "queria ser tratado como irmão, não filho; soberano com Portugal, e nunca como súdito; independente como ele, e nada menos".[3]

Não obstante o cuidado, o Brasil começava, lentamente, a romper com as amarras que o prendiam à metrópole. O rompimento formal era apenas uma questão de tempo. O que ainda não estava claro é como se daria a separação e qual caminho se seguiria depois; isto é, qual seria o sistema de governo adotado. Dois grupos se estabeleceram. Em torno de José Bonifácio, ministro do Reino e dos Negócios Estrangeiros, estavam os conservadores, que advogavam uma monarquia constitucional e um desligamento gradual e seguro. Em oposição, liderados por Joaquim Gonçalves Ledo, estavam os que pretendiam a instauração de uma república.

Sem uma administração legítima, a necessidade de uma Assembleia Constituinte no Brasil à revelia das Cortes em Lisboa era discutida pelos dois lados. Enquanto a facção de José Bonifácio era contrária à convocação, a de Gonçalves Ledo era favorável. Para o ministro de d. Pedro, antes de tudo, devia-se garantir a unidade do novo país em torno do príncipe e do Rio de Janeiro, deixando a Constituinte para depois. Tido como um "miserável rapazinho" em Portugal, d. Pedro ganhou poder no Brasil, despontando como pedra angular do movimento que pretendia o rompimento definitivo, ainda que sem unanimidade – o Nordeste ainda resistia à ideia de Independência e do poder centralizado em um monarca.

INDEPENDÊNCIA OU MORTE

Em abril de 1822, Gonçalves Ledo escreveu abertamente sobre a separação no jornal *Revérbero Constitucional Fluminense*. No mês seguinte, d. Pedro recebeu da loja maçônica Comércio e Artes o título de Defensor Perpétuo do Brasil, além de uma petição com 6 mil assinaturas que clamava por uma Assembleia. Em 3 de junho, finalmente uma Constituinte brasileira foi convocada. Os grupos rivais uniram-se em torno de uma "Independência moderada" e de uma "união nacional", enquanto os jornais do país passaram a exaltar a data como o dia em que o Brasil se libertou das "cadeias da escravidão". Em carta ao pai, d. Pedro declarou a d. João que "a separação do Brasil é inevitável".[4]

Nesse ínterim, temendo que a força da maçonaria tradicional e da facção republicana atrapalhassem os destinos políticos da nação, José Bonifácio criou a própria sociedade secreta, o Apostolado da Nobre Ordem dos Cavaleiros de Santa Cruz, que jurou "defender por todos os meios" a integridade e a Independência do Brasil, assim como uma "Constituição legítima". O próprio d. Pedro participou da reunião inaugural, sendo elevado à dignidade de "arconte-rei" com o pseudônimo "Rômulo". Pouco depois, d. Pedro foi iniciado na maçonaria com o nome simbólico de "Irmão Guatimozin", o último imperador asteca.

Em 1º de agosto de 1822, Gonçalves Ledo lançou *Manifesto aos povos do Brasil*, que dava a separação do Brasil como um fato consumado. Cinco dias mais tarde, d. Pedro ordenou a publicação do *Manifesto do príncipe regente aos governos e às nações amigas*. Escrito por José Bonifácio, o documento também indicava o rompimento, embora deixasse abertura para uma reconciliação cada vez menos provável. Com a ausência de José Bonifácio e sem convocar a "assembleia geral do povo maçônico", Gonçalves Ledo elevou d. Pedro ao grau de mestre maçom. O príncipe regente também foi eleito grão-mestre do Grande Oriente do Brasil, em substituição ao próprio ministro.

Em 14 de agosto, d. Pedro partiu em excursão a São Paulo a fim de acalmar os ânimos na província e obter o apoio dos paulistas, assim como fizera dias antes com os mineiros. Depois de visitar Santos, no litoral, durante a viagem de retorno à capital, no dia 7 de setembro de 1822, um sábado, por volta das 16h30, foi alcançado por dois cavaleiros que traziam os correios oficiais vindos da capital. Ele não se sentia bem. Vinha sofrendo de cólicas intestinais desde a subida da serra e era obrigado constantemente a saltar da montaria para se aliviar na mata próxima.

Paulo Bregaro e Antônio Ramos Cordeiro entregaram ao debilitado d. Pedro cartas de Lisboa e do Rio de Janeiro. De Portugal, chegavam notícias alarmantes, provavelmente dos deputados brasileiros: as Cortes haviam determinado o retorno imediato de d. Pedro e da família à Europa e a prisão de membros do ministério brasileiro, incluindo José Bonifácio, seu principal mentor. Além disso, vinham informações sobre o desembarque de tropas portuguesas na Bahia e do envio de mais reforços com o intuito de acabar com as agitações e recolonizar o país.

Do Rio de Janeiro, recebeu cartas de José Bonifácio e d. Leopoldina, que havia presidido o Conselho de Estado e propunha a declaração de Independência. A esposa era clara e firme: "O pomo está maduro, colhei-o já, senão apodrece." A do conselheiro e ministro dava anuência: "O momento não comporta mais delongas ou condescendências."

Às margens do riacho Ipiranga, sem pompa alguma, usando uma simples fardeta azul de polícia e um chapéu armado, montando uma mula, d. Pedro se dirigiu à Guarda de Honra e ordenou: "Laços fora, soldados! Vivam a Independência, a liberdade e a separação do Brasil." Depois, em pé nos estribos, veio o Grito do Ipiranga: "Brasileiros, a nossa divisa de hoje em diante será 'Independência ou Morte!'"[5] Daí em diante, não haveria mais volta.

À noite, no teatro da Ópera, já em São Paulo, o padre Ildefonso Xavier Ferreira – apoiado pelo coronel Gama Lobo, da Guarda de Honra, e João de Castro Canto e Melo, irmão de Domitila e futuro visconde de Castro – deu vivas ao "primeiro rei brasileiro". Ainda no teatro, d. Pedro teria executado os primeiros acordes do *Hino da Independência*, que, dias mais tarde, ganharia letra de Evaristo da Veiga.

3. A coroação de d. Pedro I, em gravura de Debret para o livro *Viagem pitoresca e histórica ao Brasil*, de 1839.

OS NOMES DA INDEPENDÊNCIA

IMPERADOR

Ao retornar ao Rio de Janeiro, d. Pedro abandonou a ideia de ser rei, adotando o título de imperador. A mudança teria ocorrido por influência de José Bonifácio, embora na maçonaria a aclamação do imperador seja atribuída ao militar e naturalista Domingos Alves Branco Muniz Barreto, o mesmo que propusera o título de Defensor Perpétuo do Brasil. A troca sutil tinha um motivo político bem claro: segundo os liberais, "imperador" estava ligado à ideia de aclamação popular, enquanto "rei" remetia à teoria de origem divina, segundo os preceitos do absolutismo.

Aceito como imperador, d. Pedro precisava ser um "imperador constitucional". O grupo de Gonçalves Ledo, responsável por alçar o monarca ao posto máximo da maçonaria, pressionou d. Pedro para que ele jurasse antecipadamente a Constituição, a ser elaborada por uma assembleia. José Bonifácio achou a ideia absurda e conseguiu a garantia de que nada seria definido antes da aclamação. A data escolhida foi 12 de outubro de 1822, dia do aniversário de 24 anos do imperador.

Concluída a primeira etapa e declarado governante do novo país, d. Pedro ordenou, porém, o encerramento das atividades da maçonaria e a prisão de Gonçalves Ledo, que conseguiu fugir para a Argentina. Livre da oposição, o passo seguinte foi organizar a coroação. O dia escolhido para a celebração foi o 1º de dezembro, data em que os Bragança comemoravam a chegada ao trono português, em 1640. Além das datas, as cores e os símbolos foram criados a partir da história europeia.

Ao oficializar a bandeira brasileira, em 18 de setembro de 1822, adotou-se o desenho do pintor francês Jean-Baptiste Debret. O losango foi inspirado na maçonaria francesa e nas bandeiras do império de Napoleão, ídolo de d. Pedro. As cores nada têm a ver com as matas e o ouro do Brasil, ideia que os republicanos de 1889 tentaram fazer passar por verdade: o verde era a cor dos Bragança, e o amarelo, dos Habsburgo-Lorena, a família da imperatriz d. Leopoldina. De Napoleão, segundo o barão de Mareschal, representante austríaco na corte brasileira, d. Pedro copiou ainda o cerimonial de coroação realizado em Notre-Dame. Napoleão também havia substituído o título de rei pelo de imperador.

Coroado o monarca, restava uma última etapa: o país precisava formular uma Constituição. Em 3 de maio de 1823, mais uma data significativa, a Assembleia Geral Constituinte e Legislativa foi instalada. A data foi escolhida por ser, na época, o dia em que se acreditava que Pedro Álvares Cabral teria chegado ao Brasil. Reunida em uma antiga cadeia pública, a abertura não foi promissora. Depois de discorrer sobre como os deputados constituintes deveriam trabalhar, elaborando uma Carta que "afugente a anarquia e plante a árvore daquela liberdade a cuja sombra deve crescer a união", e para assombro dos presentes, d. Pedro declarou que a Assembleia deveria fazer uma Constituição que fosse "digna do Brasil e de mim".[6]

Ao todo, a Assembleia deveria contar com noventa deputados representando quatorze províncias, mas nem todos participaram dos trabalhos. Mesmo alguns líderes do movimento de Independência ficaram de fora. Clemente Pereira, Gonçalves Ledo e o cônego Januário estavam presos ou no exílio por ordens do imperador, e Cipriano Barata, agitador envolvido nos movimentos separatistas do Nordeste, negou-se a participar.

Quando as sessões começaram, os deputados estavam divididos em quatro grupos. O de liberais moderados, composto por proprietários rurais, burguesia e militares, era, de longe, o mais numeroso. Desejavam consolidar a emancipação política sem comprometer a ordem social e esperavam restringir o poder do imperador. A facção de liberais exaltados pretendia transformações estruturais políticas e sociais mais amplas, com a implementação de um sistema federalista (em último caso, até mesmo de uma república). Circulavam entre os dois grupos maiores, os "bonifácios", liderados pelo ministro José Bonifácio, e o "partido português", que reivindicava poderes absolutos para o imperador (e era, claro, composto por comerciantes e militares portugueses que viviam no Brasil desde a chegada da família real).

OS NOMES DA INDEPENDÊNCIA

O esboço da Constituição ficou a cargo de uma comissão composta por sete deputados, entre eles José Bonifácio e seu irmão, Antônio Carlos, presidente da casa e mais liberal. Depois de quatro meses, um anteprojeto com 272 artigos ficou pronto. Havia sido previamente apresentado e discutido durante as reuniões do Apostolado, controlado pelos irmãos Andrada e, às vezes, com a presença do próprio imperador d. Pedro.

Não obstante tivesse influência de Constituições modernas e das ideias do pensador franco-suíço Benjamin Constant, continha algumas excentricidades. Em vez de calcular a capacidade eleitoral e a elegibilidade dos cidadãos conforme a renda em dinheiro, o projeto estabelecia como critério censitário o preço da farinha de mandioca (seriam eleitores ou candidatos somente aqueles que tivessem renda anual acima de 150 alqueires do produto). Para o imperador, porém, a chamada "Constituição da Mandioca" tinha um problema: o Poder Legislativo teria predomínio sobre o Executivo, o que contrariava os interesses do imperador, conhecido pela intempestividade e pelas contradições e arbitrariedades.

O ambiente conturbado das sessões emperrava o andamento dos trabalhos. Depois de três meses, em meio a acusações e provocações inflamadas, demonstrações de xenofobia, atentados, prisões e troca de ministros, os deputados ainda discutiam o artigo 24. Temendo ver seu poder diminuído, d. Pedro decidiu colocar um ponto final em tudo. No dia 10 de novembro de 1823, a sessão foi suspensa. Na manhã seguinte, em revista às tropas e ao som da saudação de "Viva o imperador liberal e constitucional!", d. Pedro ordenou que os soldados cercassem o prédio da Assembleia.

Acuados e na esperança de resistir, os deputados constituintes declararam-se em sessão permanente. Passaram uma "noite de agonia", em vão. Quando o coronel Francisco Vilela Barbosa, recém-nomeado ministro-chefe, de farda e espada cingida à cintura, entrou no recinto, na manhã do dia 12, a Assembleia Constituinte foi dissolvida. Quatorze deputados foram presos, alguns fugiram e outros foram enviados para o exílio – incluindo José Bonifácio. Um dia "nefasto para a liberdade do Brasil", escreveu frei Caneca.

Dissolvida a Constituinte, o imperador prometeu convocar outra, que deveria trabalhar sobre um anteprojeto apresentado por ele, "duplicadamente mais liberal do que a extinta". Afirmou ainda que, "para fazer semelhante projeto com sabedoria, e apropriação às luzes, civilização e localidade do Império, se faz indispensável que eu convoque homens probos, e amantes da dignidade imperial, e da liberdade dos povos".[7]

O imperador reuniu, então, dez conselheiros (entre eles, seu amigo e secretário particular, o Chalaça), dos quais seis eram também seus ministros, e um mês depois apresentou a nova Constituição, mais bem redigida e sucinta, contendo 179 artigos. O Brasil seria uma monarquia constitucional, hereditária e representativa. Ao imperador cabia o Poder Moderador – segundo o próprio documento, "a chave de toda organização política", o "equilíbrio e a harmonia dos demais poderes". Assim, d. Pedro seria o fiel da balança, podendo nomear e demitir ministros, aprovar e suspender as resoluções das assembleias legislativas provinciais, dissolver a Câmara dos Deputados e convocar eleições. Tornado inimputável, teria ainda o direito de conceder anistia e perdoar penas impostas.

Apesar de tudo, a Constituição era liberal e uma das mais avançadas da época. Garantia direitos individuais, dava liberdade à imprensa e liberdade de culto (embora com restrições, dando privilégio à Igreja católica). O direito ao voto (indireto e censitário) foi concedido a homens com 25 anos ou mais (21 anos, se casados; oficiais militares, clérigos ou bacharéis) e uma renda mínima baixa para os padrões da época. Os deputados eram eleitos indiretamente, e os senadores, escolhidos pelo imperador com base em listas tríplices de eleitos nas províncias.

Embora não explicitado, mulheres não tinham direito ao voto. O projeto constitucional foi enviado às câmaras do país e aprovado pela maioria delas. Sancionada pelos ministros e pelo Conselho de Estado, em abril de 1824, Luís Joaquim dos Santos Marrocos, oficial da Secretaria de Estado dos Negócios do Império e bibliotecário na Biblioteca Imperial, escreveu a versão que seria solenemente jurada por d. Pedro na catedral da Sé,

OS NOMES DA INDEPENDÊNCIA

no Rio de Janeiro, em 25 de março de 1824. A chamada "Constituição Outorgada" foi a mais duradoura da história brasileira, caindo com a monarquia, em 1889.

D. PEDRO IV

Depois de dar uma Constituição ao país, de ter expulsado as tropas portuguesas do Brasil e sufocado violentamente as insurreições no Nordeste, que se negavam a prestar obediência ao governo estabelecido no Rio de Janeiro e pretendiam instalar uma república federativa independente, restava ao imperador brasileiro obter o reconhecimento internacional do Sete de Setembro e um acordo com Portugal.

Em agosto de 1825, d. Pedro concordou com pagar uma compensação de cerca de 2 milhões de libras esterlinas para que Lisboa reconhecesse a Independência. O Tratado de Aliança e Paz assegurava que, além de uma reparação, d. João VI reservava para si e os seus o título de imperador do Brasil e rei de Portugal e Algarves, cedendo a seu sucessor direto, o filho brasileiro, pleno exercício da soberania sobre o Império do Brasil.

Para José Bonifácio, exilado na França, a soberania nacional sofreu "um coice na boca do estômago".[8] De fato, durante todo o Primeiro Reinado, Brasil e Portugal viveram os problemas da sucessão dinástica, desencadeada com a morte de d. João em 1826. D. Pedro outorgou uma Constituição aos portugueses e abdicou do trono em favor da filha mais velha. Derrotado militarmente em uma guerra dispendiosa e impopular no Sul, o que significou a separação da Cisplatina (o atual Uruguai) em 1828, d. Pedro perdeu o apoio dos militares. Não contava mais com os conselhos de José Bonifácio e da imperatriz d. Leopoldina, falecida prematuramente aos 29 anos. Os escândalos provocados por sua amante, a fama de mulherengo e as más companhias impediam que os agentes brasileiros na Europa encontrassem uma segunda esposa. Somente em 1829, afastado da marquesa de

Santos e do Chalaça, o imperador casou-se com d. Amélia de Leuchtenberg, filha de um general francês e neta da primeira esposa de Napoleão.

Em crise política e financeira, envolvido com os negócios de Portugal tanto quanto com os do Brasil, o imperador passou a ser duramente atacado pelos jornais. Em novembro de 1830, o assassinato do jornalista Líbero Badaró, em São Paulo, acirrou o confronto entre a oposição liberal e o governo, brasileiros e portugueses, que atingiu seu clímax em março, na Noite das Garrafadas. No começo de abril, a população saiu às ruas da capital. Forçado pelas circunstâncias, em 7 de abril de 1831, d. Pedro abdicou do trono brasileiro em favor do filho d. Pedro de Alcântara, de apenas cinco anos, futuro d. Pedro II. Partiu dias depois para a França a bordo do *Volage*.

O ex-imperador brasileiro passou um ano na França preparando um exército para invadir Portugal e derrubar o irmão d. Miguel, que usurpara a coroa de sua filha, d. Maria da Glória. Depois de dois anos de luta, d. Pedro (em Portugal, d. Pedro IV), "o rei-soldado", venceu a guerra civil, restaurou o absolutismo e recolocou a filha no trono português. D. Maria II reinaria por quase duas décadas até sua morte, em 1853.

Tendo contraído tuberculose durante a campanha militar e o Cerco do Porto, d. Pedro morreu no palácio de Queluz, no mesmo quarto onde nascera quase 36 anos antes, em 24 de setembro de 1834. Por vontade testamentária, seu coração foi doado à Venerável Irmandade de Nossa Senhora da Lapa, no Porto, onde é mantido até hoje, conservado como relíquia – em 2022, o órgão do imperador foi trazido para o Brasil e exposto em cerimônia alusiva ao Bicentenário da Independência. O corpo foi sepultado no Panteão dos Bragança, em Lisboa. Em 1972, durante o Sesquicentenário da Independência, os despojos foram trazidos para o Brasil e depositados no Monumento à Independência, no Museu do Ipiranga, em São Paulo. Quatro décadas mais tarde, os restos mortais de d. Pedro e suas duas esposas foram exumados em uma pesquisa pioneira, liderada pela arqueóloga Valdirene Ambiel. O homem que fora aclamado

Defensor Perpétuo do Brasil foi sepultado sem nenhuma condecoração brasileira, nem mesmo a Ordem da Rosa, criada pelo próprio imperador no Brasil, em homenagem à imperatriz d. Amélia.

4. D. Pedro I, então duque de Bragança, em tela atribuída a João Baptista Ribeiro, 1834.

2

TESTEMUNHAS DO GRITO DO IPIRANGA

Poucos foram os personagens que presenciaram os acontecimentos do Sete de Setembro, data considerada hoje uma das mais importantes da história brasileira. A própria data, na época, teve pouca importância. O Doze de Outubro, dia do aniversário de d. Pedro e data escolhida para sua aclamação como imperador, era então considerado o marco da Independência do país. Apenas em 1825, com o reconhecimento da separação por parte de Portugal, é que começou a se falar sobre a data, e somente no ano seguinte ela foi incluída no calendário do Império.

Em 14 de agosto de 1822, quando o príncipe regente deixou o Rio de Janeiro em direção à agitada província de São Paulo, deixando à esposa d. Leopoldina o posto de regente e a missão de presidir as sessões do Conselho de Estado, acompanhavam-no o secretário Luís de Saldanha da Gama (mais tarde, marquês de Taubaté), o guarda-roupa Joaquim Maria da Gama Freitas Berquó (que se tornaria o marquês de Cantagalo) e os criados João Carlota e João Carvalho, além do padre Belchior e do ajudante e amigo Chalaça.

Ao longo da viagem, o pequeno grupo foi aumentando, principalmente com o acréscimo da Guarda de Honra, composta por voluntários paulistas. Dois dias depois da partida, a comitiva entrou na província de São Paulo, alcançando Lorena (dia 18), Guaratinguetá (19), Pindamonhangaba (20), Taubaté (21), Mogi das Cruzes (23) e, última parada, Penha de França, no dia 24. Na manhã seguinte, d. Pedro entrou na capital paulista e lá permaneceu até 5 de setembro, quando partiu em viagem a Santos, no litoral.

No retorno, em 7 de setembro de 1822, às margens do riacho Ipiranga, recebeu do major Antônio Ramos Cordeiro e do oficial Paulo Bregaro, do Supremo Tribunal Militar, a correspondência enviada do Rio de Janeiro, que incluía cartas de José Bonifácio e de d. Leopoldina, relatando as decisões das Cortes e do Conselho de Estado, e possivelmente de d. João VI e de delegados brasileiros em Portugal. Depois de ler os documentos e considerar as circunstâncias, declarou o Brasil separado de Portugal.

Naquele momento decisivo da história nacional, ao todo, somando a comitiva inicial, o correio, a Guarda de Honra e o brigadeiro paulista Manuel Rodrigues Jordão, não mais do que 37 pessoas estavam presentes. A Guarda de Honra, que estava sob o comando dos oficiais Antônio Leite Pereira da Gama Lobo e Marcondes de Oliveira e Melo, era composta pelo sargento-mor Domingos Marcondes de Andrade, o tenente Francisco Bueno Garcia Leme, o sargento-mor João Ferreira de Sousa e o alferes Francisco de Castro Canto e Melo, além de Miguel de Godói e Moreira e Costa, Adriano Gomes Vieira de Almeida, Manuel Ribeira do Amaral, Benedito Corrêa Salgado, Francisco Xavier de Almeida, Vicente da Costa Braga, Fernando Gomes Nogueira, João José Lopes, Rodrigo Gomes Vieira, Bento Vieira de Moura, Flávio Antônio de Melo, Salvador Leite Ferraz, José Monteiro dos Santos, Custódio Leme Barbosa, Cassiano Gomes Nogueira, Floriano de Sá Rios, Joaquim José de Sousa Breves, Antonio Pereira Leite, José da Rocha Corrêa, David Gomes Cardim, Antônio Luís da Cunha e Eleutério Velho Bezerra.

Desse reduzido grupo de testemunhas oculares bem poucos deixaram registros sobre os acontecimentos daquele dia. Além do padre Belchior, o de maior instrução dentre eles, o pouco que se sabe sobre o Sete de Setembro deve-se ao alferes Canto e Melo e aos coronéis Marcondes e Gama Lobo.

TESTEMUNHAS DO GRITO DO IPIRANGA

FRANCISCO GOMES DA SILVA (1791-1852)
O Chalaça

Francisco Gomes da Silva foi o mais bajulador e fiel amigo de d. Pedro, companheiro de farras e alcoviteiro do monarca. Como conselheiro e secretário, esteve na comitiva do então príncipe regente no Sete de Setembro e serviu ao imperador anotando e rascunhando as ideias de d. Pedro para a primeira Constituição brasileira, em 1824. Nascido em Lisboa e filho da criada Maria da Conceição Alves, seu pai biológico era Francisco Rufino de Sousa Lobato, roupeiro de d. João VI e, mais tarde, visconde de Vila Nova da Rainha. Influente, Lobato conseguiu que Antônio Gomes assumisse o filho, que foi enviado para o seminário de Santarém, onde permaneceu até 1807, quando tanto o pai verdadeiro quanto o arranjado, este já ourives da Casa Real, migraram com a corte para o Brasil.

Inicialmente, trabalhou como auxiliar do pai adotivo, mas as serenatas e a vida boêmia de Francisco Gomes separaram os dois. Estabeleceu-se, então, com uma barbearia na rua do Piolho (a atual rua da Carioca, no centro do Rio de Janeiro), onde atuou como barbeiro, dentista e sangrador. Em 1810, porém, conseguiu ser admitido no Paço Real como reposteiro – criado responsável por descobrir a cadeira do rei, colocar almofadas sob os joelhos do monarca e servir abrindo portas ou entradas por onde o rei passasse.

Apesar da ligação com o centro do poder, manteve o gosto pela viola e pelas noites junto a cantores populares e jogadores, amancebando-se com Maria Pulquéria, a "Maricota Corneta", dona de uma hospedagem de má reputação, e associando-se a Sebastião Cauler num botequim do largo do Paço, ponto de encontro da boemia carioca.[1] Foi nesse meio que o príncipe d. Pedro conheceu Chalaça, alcunha vinda de seus modos e comportamento: folião, janota, galhofeiro e chistoso ou, em termos mais modernos, zombeteiro e piadista.

Aos 21 anos, aproximara-se da família real e servia como espião de d. João VI, preocupado com as intrigas da esposa. Em 1816, em retribuição, o rei o fez juiz da balança da Casa da Moeda. D. Carlota Joaquina, porém, deu o troco. Denunciados pela rainha, Chalaça e d. Eugênia de

Castro, dama do Paço, foram surpreendidos pelo rei completamente nus em uma sala do palácio. Expulso da corte, Chalaça se refugiou em Itaguaí.

Mais tarde, voltou a frequentar o Paço Real, mas não retornou com d. João para Portugal. Íntimo do príncipe, acompanhou d. Pedro na viagem do regente até São Paulo, entre agosto e setembro de 1822, sendo uma das testemunhas oculares do Grito do Ipiranga. Para alguns historiadores, foi Chalaça quem teria, nessa época, oportunizado o encontro entre Domitila e o então príncipe regente. Há rumores, inclusive, de que o conselheiro teria formado um triângulo amoroso com o imperador e a marquesa.

Depois da Independência, para espanto da corte em geral, a influência de Chalaça sobre o jovem imperador cresceu consideravelmente, a ponto de Francisco Gomes se tornar um dos mais respeitados nomes do Primeiro Reinado (ou, pelo menos, um dos mais conhecidos). D. Pedro o fez oficial-maior graduado da secretaria do Império, secretário do Gabinete Imperial e superintendente das Cavalariças.

Como um dos primeiros membros da Guarda de Honra, o fiel amigo do imperador receberia as patentes de tenente, capitão e coronel-comandante. Chalaça recebeu ainda a comenda da Ordem de Cristo e o título de cavaleiro da Ordem do Cruzeiro, além do título de comendador da Ordem da Torre e Espada (de Portugal) e da Ordem de Leopoldo (da Áustria).

Atuando como secretário privado do imperador, serviu como "escritor fantasma" de d. Pedro, redigindo cartas e artigos para jornais e compondo um dos rascunhos da Constituição de 1824. Sua capacidade para tal era notória: tinha uma excelente redação, além de se comunicar em várias línguas. Tamanha era a intimidade entre Chalaça e o monarca brasileiro, que o diplomata inglês lorde Strangford afirmou que d. Pedro I lhe dissera certa vez que tudo poderia tratar com seu secretário, pois "era o mesmo que tratar com ele". O cronista Armitage escreveu que Chalaça tinha "autoridade suprema", "um caráter bulhento, extravagante, insolente e dissipado; mas era franco em suas maneiras". O barão Mareschal, por sua vez, o descreveu como "honesto e fiel ao seu soberano, de quem gozava inteira confiança", embora soubesse que Chalaça era "odioso a todos os partidos".[2]

De fato, a influência do "gabinete secreto" conduzido por Francisco Gomes acabou acirrando a disputa entre brasileiros e portugueses, e o temor da instalação do absolutismo, entre outras coisas, resultaria na abdicação do imperador (o "gabinete" também era conhecido na época como "Camarilha Palaciana" e "Gavetário do Chupa-Chupa"). Quando d. Pedro precisou encontrar uma segunda esposa, após a morte de d. Leopoldina, a presença do antigo alcoviteiro se tornou um estorvo. Por influência do marquês de Barbacena, Chalaça deixou o Brasil em 1830, não sem uma pensão anual de 25 mil francos.

Em Londres, escreveu e publicou suas memórias, em parte para atacar Barbacena. Em Lisboa, serviria novamente como

5. O pequeno retrato do Chalaça, pintado por Simplício Rodrigues de Sá.

secretário de d. Pedro I, agora duque de Bragança. Depois da morte do amigo, ele continuou servindo a d. Amélia, e há quem afirme que os dois teriam se casado em Berlim, em segredo, o que não é aceito pela maioria dos historiadores. Morreu em Lisboa, aos 61 anos. Suas últimas palavras, ditas ao padre José Assunção, foram: "Padre José, eu amei demais as mulheres e o dinheiro."

ANTÔNIO LEITE PEREIRA DA GAMA LOBO (1782-1857)
Comandante da Guarda de Honra

Natural de Arco de Baúlhe, em Portugal, e filho de um bacharel em Leis e sargento-mor de ordenanças, Gama Lobo não seguiu a carreira jurídica paterna, como fez seu irmão mais velho. Voltou-se para a das armas. Servia na Índia como capitão quando se transferiu para o Brasil, em 1814. Residindo no Rio de Janeiro, no ano seguinte foi promovido a tenente-coronel. Na mesma época, casou-se por procuração com a paulista Ana Rita dos Prazeres Abelho e Fortes, matrimônio oficializado depois em São Paulo. O sogro, formado em Coimbra, exercera diversos cargos na magistratura brasileira.

Em junho de 1821, então coronel, Gama Lobo liderou os regimentos paulistas de cavalaria miliciana. Eles auxiliaram na aclamação e instalação do governo provisório de São Paulo, que, presidido pelo capitão-general João Carlos Augusto de Oeynhausen e José Bonifácio, jurou a Constituição portuguesa, como exigiam as Cortes em Lisboa. Em janeiro do ano seguinte, Gama Lobo dirigiu-se ao Rio de Janeiro junto com Bonifácio, como delegado paulista, a fim de solicitar a d. Pedro que permanecesse no Brasil – o que resultaria no Dia do Fico.

Sete meses depois, quando o príncipe regente se dirigiu a São Paulo, Gama Lobo foi ao encontro de d. Pedro, em 21 de agosto de 1822, na vila de Água Preta, próximo a Pindamonhangaba. Formaria, então, a Guarda de Honra, composta por quase trinta militares voluntários, testemunhas do Sete de Setembro. Junto a outros três integrantes da comitiva – o padre Belchior, o alferes Francisco de Castro Canto e Melo e o coronel Marcondes de Oliveira Melo Gama Lobo –, Antônio Leite Pereira da Gama Lobo deixou um relato minucioso daquele dia, publicado por diversas fontes ao longo do tempo. São dele, por exemplo, as expressões, contidas em muitos livros de história, "uma égua possante gateada" (em referência à montaria do príncipe regente) e "ligeiras cólicas intestinais" (quando informa sobre a diarreia que indispôs d. Pedro durante a viagem). "Já havíamos subido a serra, quando d. Pedro queixou-se de ligeiras cólicas intestinais, precisando por isso apear-se para empregar os meios naturais de aliviar os sofrimentos",[3] escreveu.

Proclamada a Independência, Gama Lobo regressou ao Rio de Janeiro com d. Pedro, sendo nomeado primeiro comandante da Imperial Guarda de Honra, além de veador da imperatriz d. Leopoldina. Foi ainda um dos primeiros dignitários da Ordem do Cruzeiro do Sul e, mais tarde, brigadeiro do Exército brasileiro. Viúvo, visitou Portugal com a filha Maria Miguelina depois da morte de d. Pedro I, que no Velho Mundo lutara pelo trono da filha, d. Maria II. Oficial reformado, foi eleito deputado provincial para o triênio 1837-39. Viveu na chácara das Palmeiras, em São Paulo, até seu falecimento, aos 75 anos. Em 1954, a antiga rua da Redenção, no bairro Ipiranga, passou a ser chamada rua Gama Lobo em sua homenagem.

MANUEL MARCONDES DE OLIVEIRA MELO (1776-1863)
Subcomandante da Guarda de Honra

Nascido em Pindamonhangaba, filho do capitão-mor da vila e descenden-te de açorianos, Manuel Marcondes de Oliveira Melo é uma das quatro testemunhas oculares do Grito do Ipiranga que deixaram registradas suas memórias. No caso de Marcondes, o relato por escrito foi realizado em resposta ao questionário elaborado pelo historiador Alexandre José Mello Moraes, autor de *A Independência e o Império do Brasil* e *História do Brasil Reino e Brasil Império*, e respondido por carta em 14 de abril de 1862, quatro décadas depois do acontecido.

Entre suas informações, que os "anos não têm apagado de minha memória", constam as dificuldades intestinais de d. Pedro, obrigado cons-tantemente a "prover-se" em um matagal, e o horário da Proclamação da Independência: "Pouco mais ou menos às quatro e meia horas da tarde." Sobre a montaria, refere-se a ela como "baia gateada".[4]

Quando do Sete de Setembro, o então coronel Marcondes era um dos mais velhos da comitiva, com 46 anos, e o segundo no comando da Guar-da de Honra que acompanhou d. Pedro até Santos e na volta do príncipe regente a São Paulo. Após o retorno de d. Pedro ao Rio de Janeiro, foi nomeado guarda-roupa honorário do imperador e veador da imperatriz d. Leopoldina, e, mais tarde, comendador da Ordem de Cristo e da Ordem da Rosa, além de oficial da Ordem do Cruzeiro.

Nesse ínterim, em 1817, casou-se com Maria Justina do Bom Sucesso, filha de um rico fazendeiro. Viúvo, em 1827 Marcondes contraiu matrimônio com Maria Angélica da Conceição, viúva como ele e filha de militares. O militar não teve filhos em nenhuma das relações. Não obstante fosse membro do Partido Liberal e um admirador de José Bonifácio e do regente padre Diogo Feijó, afastou-se da vida pública após a abdicação do imperador, em 1831. Em 1846, d. Pedro II o fez barão de Pindamonhangaba. Marcondes faleceu na mesma cidade onde nascera, 87 anos antes.

6. Panorama da cidade de São Paulo, em 1821, em tela de Arnaud Julien Pallière.

BELCHIOR PINHEIRO DE OLIVEIRA (1775-1856)
O padre

Dos membros da comitiva que acompanhou d. Pedro a São Paulo, o padre Belchior Pinheiro de Oliveira era o mais ilustrado e o de maior prestígio.

Seu relato da jornada é o mais detalhista e o primeiro a ser escrito, poucos anos após o Grito do Ipiranga. A descrição foi publicada provavelmente em 1826, mas o relato original – assim como as cartas escritas por José Bonifácio e d. Leopoldina, que o padre juntou no chão após d. Pedro tê-las amassado – nunca foi encontrado, chegando até nós apenas por meio das publicações posteriores, no início do século XX.

Natural de Tejuco, hoje Diamantina, em Minas Gerais, padre Belchior era filho e neto de coronéis, mas estudou no seminário de Mariana, sendo ordenado no oratório do Paço Episcopal de São Paulo, em 1798. Estudioso, partiu para Portugal com o objetivo de estudar Cânones e Direito Civil em Coimbra, onde obteve o título de bacharel em 1809. De retorno ao Brasil e influenciado pelas ideias iluministas que sacudiam a Europa, foi iniciado na maçonaria. Esteve presente na fundação da loja Distintiva, na Praia Grande, Niterói, em 1812, e na criação da loja Comércio e Artes, do Rio de Janeiro, três anos mais tarde. Adotou "Irmão Sócrates" como nome simbólico.

Em 1813, foi condecorado cavaleiro da Ordem de Cristo e, logo depois, ordenado vigário colado de Pitangui, em Minas Gerais, cargo que ocuparia até a morte. Mais tarde, também receberia o título de oficial da Ordem do Cruzeiro e o de cônego honorário da Capela Imperial.

Padre Belchior era primo de José Bonifácio por parte de mãe e muito ligado a outro parente, Antônio Carlos Ribeiro de Andrada, irmão do Patriarca, e a José Joaquim da Rocha, criador do Clube da Resistência e, como ele, um dos fundadores da loja Distintiva. Envolvido no movimento constitucionalista, que eclodiu com a Revolução do Porto, em 1820, foi eleito deputado às Cortes portuguesas por Minas Gerais no ano seguinte, mas não compareceu, conforme decidido em conferência com os demais integrantes da bancada mineira, realizada no Rio de Janeiro.

O Clube da Resistência já articulava a permanência de d. Pedro e o Dia do Fico, o que ocorreu em janeiro de 1822. Nessa mesma época, padre Belchior e José Joaquim da Rocha escreviam para *O Constitucional*, o

OS NOMES DA INDEPENDÊNCIA

"jornal dos mineiros". Em março de 1822, padre Belchior acompanhou o então príncipe regente em viagem a Vila Rica, em Minas Gerais, e em junho participou da instalação do Grande Oriente do Brasil. Em agosto, o religioso estava na estrada novamente com d. Pedro, dessa vez em direção a Santos e a São Paulo, jornada sobre a qual deixaria seu testemunho.

A descrição do ocorrido no Sete de Setembro é comum, em alguns pontos, às dos outros três relatos, como a referência à montaria de d. Pedro, uma "bela besta baia". Mas se diferencia pelos detalhes em pontos cruciais. O vigário mineiro atribuiu a si mesmo o conselho decisivo que pesou em favor da Independência, o que, segundo o coronel Marcondes, fazia todo o sentido, já que o religioso era "confidente e mentor" do príncipe.

Depois de ler as cartas das Cortes, de José Bonifácio e d. Leopoldina, d. Pedro teria perguntado: "E agora, padre Belchior?" Ao que ouviu como resposta: "Se Vossa Alteza não se faz rei do Brasil, será prisioneiro das Cortes e talvez deserdado por elas. Não há outro caminho senão a Independência e a separação." Na versão do religioso, o então regente ordenou que os militares arrancassem do chapéu o laço azul e branco, as novas cores da nação portuguesa, como determinavam as Cortes, dizendo: "Laços fora, soldados! Vivam a Independência, a liberdade e a separação do Brasil." Só depois, em pé nos estribos, é que veio o famoso brado: "Brasileiros, a nossa divisa de hoje em diante será 'Independência ou Morte!'"[5]

Proclamada a Independência e realizada a coroação do monarca, padre Belchior foi eleito deputado por Minas Gerais para a Constituinte de 1823, mas acabou preso com o fechamento da Assembleia pelo imperador e enviado para a França a bordo da charrua *Luconia*, deportado com José Bonifácio, José Joaquim da Rocha, entre outros. Voltou do exílio europeu em 1828 e retirou-se para Pitangui, onde se elegeu vereador em 1833 e deputado provincial em 1840. Estava entre os que desejavam a restauração de d. Pedro I. Faleceu aos 81 anos.

TESTEMUNHAS DO GRITO DO IPIRANGA

LUÍS DE SALDANHA DA GAMA (1801-37)
O secretário

A família de Luís de Saldanha da Gama Melo e Torres Guedes de Brito estava estreitamente ligada à história recente do Brasil. Seu pai, o sexto conde da Ponte, era governador da Bahia quando a família real portuguesa aportou em Salvador, em janeiro de 1808. Com a prematura morte paterna, um ano após o evento na Bahia, Saldanha da Gama transferiu-se muito jovem para o Rio de Janeiro. Casou-se em 1816 com Sofia Burn, com quem teria apenas uma filha. Assim, quando tiveram início as agitações políticas após a Revolução do Porto, ele já se encontrava em serviço no Paço Real. Atuando como secretário itinerante, camareiro e estribeiro-mor de d. Pedro, era o mais jovem integrante da comitiva que, em agosto de 1822, iniciou a jornada até São Paulo e o responsável não apenas por sua correspondência, mas também por ajudar o príncipe a se vestir e a montar.

Saldanha da Gama não deixou registros sobre o Sete de Setembro. Após a Independência, foi nomeado reposteiro-mor do Paço Imperial, veador e estribeiro-mor da imperatriz d. Leopoldina. Também recebeu a comenda da Ordem de Cristo, tendo d. Pedro o agraciado com o título de visconde de Taubaté, em 1825, e o de marquês, no ano seguinte. Foi enviado à Europa como ministro plenipotenciário; serviu em São Petersburgo como ministro extraordinário e se encontrava em Paris quando faleceu, aos 36 anos.

3

A CORTE

O estabelecimento da corte portuguesa no Rio de Janeiro, em 1808, foi fator determinante para o desenlace entre colônia e metrópole, divisor de águas da história brasileira. Dali em diante, o país caminharia a passos largos para a Independência.

A estimativa é de que pelo menos 10 mil pessoas tenham acompanhado d. João VI ao Brasil – um número gigantesco, se levarmos em conta que o Rio de Janeiro contava então com aproximadamente 60 mil habitantes. Somente a nau *Príncipe Real*, que transportou o rei, contava com mais de mil pessoas a bordo. A frota real era composta por quinze navios, mas há relatos de que mais de cinquenta embarcações seguiram o rastro do monarca português ao Novo Mundo. Oficialmente, eram 536 nobres, ministros de Estado, conselheiros, desembargadores, padres e médicos, número que deve ser multiplicado algumas vezes, já que a nobreza levou consigo seus criados e serviçais. Só o marquês de Belas trouxe mais de vinte pessoas com ele, além da própria família.

Inicialmente, d. João instalou-se no então palácio dos Vice-Reis, que passou a ser Paço Real. Mais tarde, transferiu a residência para o palácio de São Cristóvão (a Quinta da Boa Vista, atual Museu Nacional), mas continuou

OS NOMES DA INDEPENDÊNCIA

despachando do Paço Real, em volta do qual transitavam nobres, funcionários das repartições públicas e todos aqueles que estavam ligados à administração.

A corte, que tinha como significado o soberano, seus ministros e a nobreza que o circundava, passou a identificar também o Paço, a residência, a cidade e o governo do monarca como centro do poder. Por isso, não obstante as províncias do Nordeste despontassem nos debates políticos e revoluções estivessem em voga no começo do século XIX, foi na corte que o Sete de Setembro, proclamado em São Paulo, foi gestado.

D. Pedro deu seguimento às tradições europeias trazidas para os trópicos pelo pai, mantendo a corte e a mesma estrutura de governo. Em volta do imperador, circulavam não apenas a imperatriz e os conselheiros, como o frei Arrábida, mas também suas amantes, como a marquesa de Santos, e seus ministros e funcionários de Estado, como o bibliotecário Luís Joaquim dos Santos Marrocos, calígrafo responsável pela redação da Constituição de 1824.

D. JOÃO VI (1767-1826)
Rei nos trópicos

D. João VI foi o primeiro monarca europeu a pisar em solo americano e responsável direto por dar à colônia o arcabouço de metrópole, o que permitiu ao Brasil estabelecer as bases para a futura Independência, apenas quatorze anos após a chegada do rei português ao Rio de Janeiro. Nascido no palácio de Queluz, em Lisboa, como filho da primeira rainha portuguesa, d. Maria I, alcunhada "a Piedosa" e "a Louca", e de seu marido e tio d. Pedro III, d. João tornou-se herdeiro do trono após a morte do irmão primogênito, em 1788. Em consequência da doença mental da mãe, d. João assumiu informalmente como regente de d. Maria em 1792, com a documentação real sendo ainda produzida em nome da rainha. O príncipe tornou-se regente oficial somente em 1799, e apenas em 1818, dois anos após a morte da mãe, foi coroado rei.

Como não era o primeiro na linha sucessória, d. João não recebeu uma educação esmerada, como a dispensada ao irmão mais velho. Embora não fosse de todo ignorante, nunca se aprofundou em área alguma, dedicando-se a coisas mais triviais, como a música, a caça e a montaria. Em 1785, aos dezoito anos, casou-se por procuração com d. Carlota Joaquina, princesa espanhola de apenas dez anos. O matrimônio, sempre infeliz, resultaria em oito filhos, dentre os quais os futuros d. Pedro I, imperador do Brasil e rei de Portugal como d. Pedro IV, e d. Miguel I, também rei de Portugal.

Quando assumiu os negócios do reino, d. João tinha apenas 25 anos, nenhuma experiência e pouca vontade de governar – além de uma esposa que passaria a vida atentando contra sua pessoa e seu governo. Despreparado, melancólico e dado a hesitações e procrastinações, logo ganhou a fama de lerdo e indeciso. Ainda assim, conseguiu se manter no poder por mais de três décadas em um dos períodos mais conturbados da história europeia, conseguindo, inclusive, escapar das garras de Napoleão Bonaparte. Em 1807, após a invasão de Portugal por tropas francesas, partiu de Lisboa com todo o aparato administrativo do reino. No ano seguinte, celebrou tratados com a Inglaterra e abriu os portos da então colônia "às nações amigas", rompendo o antigo monopólio comercial da metrópole, o que teria importante repercussão posterior.

No Rio de Janeiro, d. João estabeleceu o centro do império ultramarino português, dando início às transformações que seriam fundamentais para o futuro do Brasil. Ao chegar do Rio, em 1808, fixou residência no Paço Real e, mais tarde, na Quinta da Boa Vista. A rainha, por sua vez, instalou-se em um palacete na enseada de Botafogo, distante das residências do esposo. O Paço continuou sendo, no entanto, a sede do governo: lá estavam a sala do trono e os salões de recepção e do conselho, onde eram realizadas as cerimônias oficiais. Era de lá, na maioria das vezes, que d. João se ocupava dos papéis das mais diversas repartições e despachava todas as decisões do reino, por mais insignificantes que fossem.

Embora tenha recebido o apelido de "o Clemente" e seja considerado por muitos "o verdadeiro fundador da nacionalidade brasileira",[1] d. João também é objeto de escárnio e ridículo – mais pela aparência e por seus hábitos à mesa do que pela personalidade frágil e o ar bonachão. A duquesa de Abrantes o descreveu como tendo um "aspecto físico repulsivo". Gordo e de estatura mediana, o rei tinha pernas grossas e mãos pequenas, cabeça grande e lábio inferior grosso e caído. Sem vários dentes, o monarca era desleixado, apreciava pouco a higiene pessoal e raramente se banhava.

Para aumentar essa imagem grotesca, d. João tinha fama de glutão. Suas refeições eram compostas por até doze pratos, que incluíam guisados, assados, massas, sopa, arroz, pães, queijos e muitas frutas (particularmente a manga), além de frangos – muitos frangos, a comida predileta do rei. Quanto à bebida, d. João raramente tomava vinho, dando preferência à água. Um aspecto controverso da biografia de d. João é uma possível relação homossexual com Francisco José Rufino de Sousa Lobato, o guarda-roupa real, general e visconde de Vila Nova da Rainha, que, segundo uma narrativa contemporânea, era o responsável pela masturbação do monarca. A informação chegou até nós através do relato de um padre, mas não há outra prova de um relacionamento ativo com homens.[2]

A contribuição de d. João VI ao Brasil foi inegável. O monarca criaria instituições como a Escola de Cirurgia, em Salvador; o Real Arquivo Militar (atual Arquivo Histórico do Exército); a Real Academia dos Guardas Marinhos (Escola Naval); a Escola Anatômica Cirúrgica e Médica, no Rio de Janeiro (Faculdade de Medicina); o Banco do Brasil; a Real Biblioteca (Biblioteca Nacional); a Escola Real de Ciências, Artes e Ofícios (Escola de Belas-Artes); o Observatório Astronômico; e o Museu

Real (Museu Nacional). Criou, ainda, uma fábrica de pólvora, a Academia Militar, a Impressão Régia (o que possibilitou, pela primeira vez na história brasileira, a publicação de jornais, livros científicos e literatura), fundições de ferro em Minas e São Paulo e a primeira colônia não lusa no país, Nova Friburgo.

Em 1815, d. João elevou o Brasil à categoria de Reino Unido a Portugal e Algarves, o que acabava de vez com a ideia de "colônia" – algo que, para muitos historiadores, marcou efetivamente o início do processo que levaria ao Sete de Setembro. Tendo postergado sua volta a Lisboa mesmo depois da queda de Napoleão e do Congresso de Viena, em 1821 a Revolução do Porto e as Cortes obrigaram o rei a retornar ao Velho Mundo.

Dois anos depois, um movimento militar restituiu o absolutismo português, mas d. João ainda disputava o poder com a esposa e o filho d. Miguel, que tentou um golpe para ascender ao trono. Tendo vencido a batalha familiar, em 1825 o velho monarca reconheceu a Independência brasileira, permitindo a manutenção da Casa de Bragança também na América por meio de d. Pedro I.

No ano seguinte, acometido de desmaios, náuseas e vômitos, d. João faleceu em Lisboa, aos 59 anos. Na época, a rainha acusou os liberais de terem envenenado o rei com "doses sucessivas de aqua tofana", um composto de arsênico. Os liberais, por sua vez, acusavam os absolutistas miguelistas. Em 2000, testes de laboratório realizados nas vísceras do rei comprovaram que d. João VI fora mesmo assassinado. Quanto aos autores do crime, o mistério permanece.

7. D. João VI e d. Carlota Joaquina, em pintura de Manuel Dias de Oliveira.

CARLOTA JOAQUINA (1775-1830)
A rainha indomável

Provavelmente, nem Napoleão nem as Cortes deram tanta dor de cabeça a d. João VI quanto sua esposa, d. Carlota Joaquina Teresa Caetana de Bourbon e Bourbon. Nascida em Aranjuez, na Espanha, filha primogênita do rei Carlos IV e de d. Maria Luísa de Parma, d. Carlota era, em quase tudo, o avesso de seu marido, com quem se casou aos dez anos de idade. A união foi consumada cinco anos mais tarde, em 1790, dias após a primeira menstruação da princesa. De "péssimo gênio" e birrenta, mordeu a orelha de d. João na cerimônia de casamento.

Criada para ser rainha, desde cedo, porém, demonstrou interesse e talento para a política. Vivendo os primeiros anos em uma corte bem mais ilustrada do que a portuguesa, d. Carlota estudou dança, canto, equitação e pintura, além de história, geografia, espanhol, francês e português.

Dotada de uma memória prodigiosa, inteligente, impulsiva e ambiciosa, herdeira e defensora ardorosa do absolutismo, primeiro tentou aproximar Portugal da Espanha e reeditar a União Ibérica dos séculos XVI e XVII. Depois, a partir de 1806, acreditando que d. João sofria da mesma doença da mãe, tentou diversas vezes derrubar o marido do trono, assim como, já no Brasil, tramou para assumir a regência da Espanha, ocupada por Napoleão, ou ser nomeada regente do vice-reino do Prata, o que não agradava espanhóis nem portugueses. As desavenças entre o casal acabaram por separá-los em definitivo. Antes da vinda ao Brasil, onde manteriam o costume, residiam em cortes separadas. Em Portugal, d. João ficava em Mafra e Vila Viçosa, enquanto ela passava a maior parte do tempo na Quinta do Ramalhão.

As descrições contemporâneas sobre sua aparência física eram ainda mais depreciativas do que as relativas a d. João. A duquesa de Abrantes observou que d. Carlota "coxeava horrivelmente" – por conta de uma queda de cavalo –, tinha a cabeça "feia", e a pele, áspera e escura, era "cheia de borbulhas", sinal de varíola. A rainha era muito baixa, "quase anã", com apenas 1,47 metro, ossuda e com uma espádua mais alta do que a outra. Completavam a aparência "horrenda" os olhos pequenos, o nariz vermelho, os lábios muito finos e adornados com um buço espesso e os cabelos encaracolados, "com seus cachos gordurosos como cobras".[3] No fim da vida, passara a usar duas bolsas de couro cheias de rapé e relíquias, que incluíam ossos e cabelos, o que lhe dava um ar ainda mais assombroso.

Apesar da feiura, como a mãe, que era neta do famoso Luís XIV, o Rei Sol francês, d. Carlota manteve inúmeros casos amorosos, conquistando a fama de promíscua e depravada, uma rainha devassa que "não tinha amante fixo". Passou a vida insultando o marido, afirmando que os filhos mais novos do casal, nascidos a partir de 1802, não eram de d. João, incluindo d. Miguel, o predileto da rainha e o segundo na linha sucessória. O próprio d. João, a se confiar em relatos de diplomatas estrangeiros, não se considerava pai de d. Miguel, que seria filho do marquês de Marialva ou do empregado da Quinta do Ramalhão, o que resultou em um verso popular na época: "D. Miguel não é filho/ D'El Rei d. João/ É filho do João dos Santos/ Da Quinta do Ramalhão."[4] Os romances da rainha eram motivo de mexericos em toda a corte do Rio de Janeiro. Em um deles, d. Carlota se envolveu no assassinato da mulher do amante, funcionário do Banco do Brasil.

Vivendo isolada em Botafogo e acreditando ser uma prisioneira em um "cativeiro", ela se imaginou de volta à Europa inúmeras vezes. Por fim, retornou a Portugal com d. João em 1821. Viu sua posição ameaçada pelas exigências das Cortes e manteve o posicionamento absolutista do Antigo Regime, negando-se a jurar a Constituição. Continuou a conspirar contra d. João em benefício de d. Miguel. Malogrado o golpe e com o filho derrotado, em 1824 o príncipe foi exilado, e d. Carlota, aprisionada no palácio de Queluz, em Lisboa, onde morreu seis anos mais tarde, aos 55 anos. Provavelmente para seu desgosto, foi enterrada ao lado do marido no mosteiro de São Vicente de Fora.

D. LEOPOLDINA (1797-1826)
A imperatriz

D. Leopoldina é uma das mais notáveis mulheres da história brasileira. Foi uma das principais articuladoras da Independência e a primeira governante do país. Nascida arquiduquesa da Áustria, filha do imperador Francisco II (depois também Francisco I da Áustria) do Sacro Império Romano da Nação Alemã, Leopoldina Carolina Josefa de Habsburgo-Lorena foi criada em Viena, onde desfrutou de excelente educação, desenvolvendo uma cultura ímpar até mesmo para os padrões da nobreza. Falava dez idiomas e, além das ciências naturais, adorava geometria, física, filologia e numismática. A inglesa Maria Graham confidenciou ao seu diário o "prazer em encontrar uma mulher tão bem-cultivada e bem-educada, de todos os pontos de vista uma mulher amável e respeitável".[5]

Em maio de 1817, d. Leopoldina casou-se com o então príncipe d. Pedro por procuração, em Viena, e formalizou o matrimônio em novembro, já no Rio de Janeiro. Entusiasmada e apaixonada pelo reino exótico que se oferecera como sua nova pátria, antes da viagem para o Brasil aprendeu rapidamente o português e informou-se sobre a história, a geografia e a economia brasileiras. Trouxe na bagagem mais de quarenta caixas, que, além do enxoval, continham uma biblioteca e uma coleção de minerais.

Com uma média de cinquenta cartas escritas anualmente, nunca deixou de enviar, junto de sua correspondência para Viena, todos os tipos de espécies animais, sementes, plantas exóticas e pedras raras do Brasil. Pouco depois de sua chegada, já havia despachado para a Áustria seis caixas com material coletado. O pai, então, precisou criar em Viena, com as peças enviadas pela filha, um museu especial sobre o Brasil.

O entusiasmo logo se desfez, com as traições do marido e as decepções com a nova pátria, "um país onde tudo é dirigido pela vilania", escreveu ela. Inteligente e observadora, previu antes do marido o desenlace entre Brasil e Portugal. Anteriormente ao Dia do Fico, havia se decidido pela causa brasileira, mas temia o despreparo de d. Pedro para governar e decidir o futuro da nação: "O príncipe está decidido, mas não tanto quanto eu desejaria."

Determinada, na função de regente enquanto d. Pedro estava em viagem a São Paulo, no dia 2 de setembro de 1822 ela presidiu o Conselho de

Estado, no Rio, e assinou uma recomendação para que o esposo declarasse a Independência, o que d. Pedro faria no dia 7. "O Brasil será em vossas mãos um grande país. O Brasil vos quer para seu monarca. Com o vosso apoio ou sem o vosso apoio, ele fará a sua separação. O pomo está maduro, colhei-o já, senão apodrece", escreveu ela ao esposo. Foi por influência de d. Leopoldina também que o país foi formalmente reconhecido no exterior como nação independente. O conselheiro Vasconcelos de Drummond escreveu que, por isso, "o Brasil deve à sua memória gratidão eterna".[6]

A "Matriarca da Independência", que sobretudo preferia os estudos, seus livros e sua coleção de minerais à política, sofria quando o assunto era a aparência. A opinião de alguns de seus contemporâneos é quase unânime: faltavam-lhe beleza e elegância. Uma testemunha vienense escreveu que d. Leopoldina "realmente não poderia ser chamada de bonita. Era baixa, tinha o rosto muito pálido e cabelos loiros desbotados. Graça e postura também não lhe eram próprias, porque sempre teve aversão a corpete e cinta. Além disso, tinha os lábios bem salientes dos Habsburgo; é verdade que tinha os olhos azuis muito belos".

Seu hábito de vestir também não contribuía. No Brasil, era vista com polainas, túnicas e botas de montar "que lhe tiravam toda a graça e atrativos pelos quais uma mulher domina e se torna irresistível". De qualquer forma, os brasileiros a idolatravam. "O povo amava a imperatriz e, por toda a parte aonde ela ia, era recebida com júbilo",[7] observou um europeu.

Sua contribuição na construção do novo país, porém, não iria longe. Passados apenas quatro anos do Sete de Setembro, d. Leopoldina adoeceu. D. Pedro havia partido para o Sul, para a campanha da Cisplatina, e ela, já enferma, presidiu a reunião do Conselho de Ministros, no dia 29 novembro.

No dia 2 de dezembro, abortou o feto de um menino e não deixou mais seu quarto. Sofria de insônia, tosse, tremor nas mãos e gases. Quando se soube, pelos boletins dos médicos, do seu delicado estado de saúde, muita gente correu às igrejas da cidade para rezar. O povo percorreu, em procissões, as ruas ao redor da Capela Imperial e o caminho que conduzia a São Cristóvão. Em 11 de dezembro, d. Leopoldina faleceu. Tinha apenas 29 anos.

O barão de Mareschal escreveu que a morte acabara com seus sofrimentos: "Sem estertor, suas feições de modo algum eram alteradas, e ela parecia ter adormecido pacificamente e na posição mais natural." Nas palavras de Carl Seidler, "caíra o mais lindo diamante da Coroa brasileira". O palacete da marquesa de Santos, amante de d. Pedro I e causa maior dos sofrimentos e humilhações da imperatriz, foi apedrejado. Segundo um observador, sua morte "produziu consternação geral", muita "tristeza e a mais profunda aflição, pois a bondade e a brandura da falecida conquistaram-lhe todos os corações".

Maria Graham, sua amiga e confidente inglesa, escreveu que todos lamentaram a perda "da mais gentil das senhoras, a mais benigna e amável das princesas".[8] Sepultada no Convento da Ajuda, no Rio de Janeiro, quase um século mais tarde seu corpo foi transladado para o Convento de Santo Antônio, no largo da Carioca, e em 1954, para o Monumento à Independência, em São Paulo. Em 2012, os restos mortais de d. Leopoldina foram exumados na pesquisa pioneira liderada pela arqueóloga Valdirene Ambiel. Desde 2020, o Congresso Nacional analisa o projeto de lei que visa incluir seu nome no Livro de Heróis e Heroínas da Pátria.

8. D. Leopoldina, em pintura de Josef Kreutzinger.

OS NOMES DA INDEPENDÊNCIA

MARQUESA DE SANTOS (1797-1867)
Na cama do imperador

D. Pedro teve um número elevado de amantes e casos amorosos, mulheres das mais variadas nacionalidades e posições sociais, de escravizadas e freiras a esposas de generais e ministros. Não por menos, as relações extraconjugais do monarca resultaram em mais de quarenta filhos, dos quais ele reconheceu pelo menos 21 – somente nove dentro dos dois casamentos oficiais, com d. Leopoldina e d. Amélia. Nenhuma das amantes, porém, é mais conhecida e teve mais influência sobre o monarca do que a paulista Domitila de Castro do Canto e Melo, a marquesa de Santos, título que recebeu do imperador em 1826. Nada a ligava à cidade do litoral paulista, local de nascimento dos irmãos Andrada, seus inimigos políticos (José Bonifácio chamava Domitila de prostituta, e a mãe dela, de bruxa), o que mostra o grau de sua influência sobre d. Pedro I.

Domitila era uma mulher bem diferente de d. Leopoldina. Apesar de pertencer a uma família tradicional, filha do coronel reformado João de Castro e Melo, inspetor das estradas da cidade de São Paulo, tinha pouca cultura e educação. Ao que parece, porém, compensava a falta de instrução com um elevado poder de sedução. De rosto regular, pele alva e olhos e cabelos pretos, Domitila foi descrita pelo visconde de Barbacena como "mediocremente bonita".

O conde de Gestas, por sua vez, acreditava que ela tinha "um exterior agradável, que pode passar por beleza num país onde ela é rara". Um observador alemão afirmou que não lhe faltavam "bastante gordura, o que corresponde ao gosto geral". Opinião compartilhada pelo mercenário Carl Seidler: "A marquesa absolutamente não era bonita, e era de uma corpulência fora do comum." De todo modo, o representante norte-americano no Brasil sentenciou: a marquesa conseguiu encantar d. Pedro "sem possuir grande beleza".[9]

O imperador conheceu Domitila em agosto de 1822, quando ela contava 25 anos, em uma visita à casa do pai do alferes Francisco de Castro

A CORTE

Canto e Melo, irmão da futura marquesa e um dos integrantes da comitiva da viagem que o então príncipe regente fazia a São Paulo. Segundo o próprio imperador, ele passou a ter "amizade" com a mais notória de suas amantes em 29 de agosto de 1822, tendo concebido por esses dias o primeiro fruto da relação.

Domitila estava separada do alferes Felício Pinto Coelho, com quem se casara em 1813 e tivera três filhos. Envolvida em um caso extraconjugal com um coronel, o marido traído tentara assassinar a jovem esposa a facadas. O encontro entre Domitila e d. Pedro na Chácara dos Ingleses (o atual bairro da Liberdade) foi o primeiro de muitos outros que viriam. Ela mudou-se para o Rio de Janeiro em 1823 e durante os seis anos seguintes daria cinco filhos ao imperador. Em cartas íntimas, os amantes assinavam como "Titília" e "Demonão", entre muitos outros apelidos românticos ou "picantes". D. Pedro chegou ainda a enviar pelos pubianos junto das cartas, além de escrever sobre a "incalculável disposição física e moral" para "ir aos cofres".[10]

Mas o relacionamento foi muito além da alcova. Domitila era chamada pelo barão de Mareschal de "favorita" e o "canal de promoções" de quem pretendia favores do monarca. Um agente sueco escreveu que a paixão do imperador era "tão extrema que ele parece fechar os olhos sobre tudo o que exigem a moral e os bons costumes. Ela tudo dirige e não se incomoda, para enriquecer, de tirar partido de sua influência". O diplomata alemão afirmou que a marquesa procurava "tirar todas as vantagens possíveis"[11] de sua posição, sem se dar ao trabalho de esconder suas intenções.

Sua influência sobre d. Pedro foi tal que ele concedeu o título de duquesa de Goiás a uma das filhas do casal e nomeou a amante camarista de d. Leopoldina, o que permitia que Domitila acompanhasse a imperatriz, entrasse em seus aposentos particulares e ocupasse um lugar privilegiado junto da família imperial. Também era notória sua intromissão em assuntos políticos.

No entanto, mesmo o poder do imperador tinha limites. Viúvo e com a imagem desgastada na Europa, com dificuldades de encontrar uma segunda esposa devido ao comportamento pouco decoroso, d. Pedro foi forçado pelas circunstâncias a romper com a amante em 1829. Só assim conseguiu um acordo que resultou no casamento com d. Amélia de Leuchtenberg.

A marquesa retornou a São Paulo e se casou novamente, em 1842, com o brigadeiro Rafael Tobias de Aguiar, presidente da província em duas oportunidades, com quem mantinha um relacionamento desde nove anos antes e resultara em seis filhos. Ela participou, junto do marido, da Revolução Liberal de 1842. Aguiar foi preso no Rio, mas, por influência de Domitila, foi anistiado dois anos depois, quando o casal retornou a São Paulo. A marquesa faleceu em seu solar, na antiga rua do Carmo (atual Rua Roberto Simonsen), aos 69 anos.

9. Domitila de Castro do Canto e Melo, a marquesa de Santos.

A CORTE

FREI ARRÁBIDA (1771-1850)
Professor e confessor

O impulsivo e contraditório d. Pedro dava ouvidos a poucas pessoas. Entre elas estava seu professor e, mais tarde, confessor, o frei Francisco Antônio de Arrábida, a quem o imperador costumava chamar de "meu mestre e meu amigo", concluindo suas cartas com o informal "seu amo e amigo Pedro".

Nascido em Lisboa, frei Arrábida entrou para o claustro do convento de São Pedro de Alcântara, da Ordem dos Frades Menores, aos quinze anos. Lá concluiu os estudos e, destacando-se, foi nomeado professor e bibliotecário do convento de Mafra, muito frequentado pela família real e onde d. João VI estabelecera residência. O rei logo se afeiçoou ao frade franciscano e o nomeou conselheiro real, responsável por orientar o monarca em assuntos privados e públicos.

Quando, em 1807, após a invasão napoleônica, a corte portuguesa deixou Lisboa, frei Arrábida, que havia sido nomeado preceptor do príncipe d. Pedro, acompanhou d. João e o filho, viajando a bordo da nau *Príncipe Real*. Ao chegar ao Rio de Janeiro, escolheu o convento de Santo Antônio como residência, onde deu aulas ao futuro imperador brasileiro, com todas as dificuldades que a rebeldia de d. Pedro impunha. Ainda assim, manteve-se próximo de d. João, organizando a coleção de manuscritos da Coroa.

Depois do Sete de Setembro, o imperador nomeou Arrábida seu conselheiro e bibliotecário diretor da então Biblioteca Imperial e Pública da Corte, que viria a se tornar a atual Fundação Biblioteca Nacional. A instituição contava ainda com um ajudante de bibliotecário, três oficiais ajudantes, quatro serventes, dois copistas, um livreiro encadernador e dois escravizados. O frei organizou o índex e o Livro Memorial, criado para registrar todos os documentos do acervo. Em 1826, recebeu o título de bispo titular de Anemúria e de coadjutor do capelão-mor. Frei Arrábida

55

OS NOMES DA INDEPENDÊNCIA

ainda foi condecorado por d. Pedro com a grã-cruz da Imperial Ordem da Rosa e diretor de estudos dos príncipes.

Quando d. João VI faleceu e d. Pedro I teve a oportunidade de assumir as duas coroas separadas pelo Atlântico, o imperador pediu a opinião a oito conselheiros, entre os quais estava seu amigo e confessor. Frei Arrábida não via problemas, desde que Brasil e Portugal fossem mantidos como reinos autônomos. D. Pedro não assumiu a coroa portuguesa, abdicando dela em nome da filha, d. Maria II.

Apesar de estremecida a amizade com o ocorrido durante a morte da imperatriz d. Leopoldina, quando a amante de d. Pedro foi destratada na corte, frei Arrábida continuou sendo consultado para vários assuntos, privados e políticos. Nas crises políticas que se seguiriam após 1829 e que acabariam por fazer d. Pedro abdicar, dois anos depois, ele foi sempre ouvido pelo imperador, até mesmo quando d. Pedro cogitou um golpe e a substituição da Constituição de 1824 por outra menos liberal, intento do qual foi dissuadido pelo frei.

Como era muito próximo do monarca, quando d. Pedro abdicou, em 1831, o religioso acabou sendo afastado da Biblioteca Nacional, passando a viver de esmolas de amigos e sofrendo, inclusive, uma malograda tentativa de assassinato. Foi somente em 1836 que o franciscano passou a receber um salário aprovado pela Câmara. No ano seguinte, foi convidado para a reitoria do Colégio d. Pedro II, cargo que deixou pouco tempo depois, em razão da saúde abalada.

Retornou à corte para ser assistente da coroação e sagração de d. Pedro II, em 1841, e logo depois mais uma vez nomeado conselheiro do Estado. Permaneceu por pouco tempo no cargo, sendo demitido alguns anos mais tarde.

Frei Arrábida morreu aos 78 anos, no Rio de Janeiro, na cela do convento de Santo Antônio, onde vivia desde a chegada ao Brasil, mais de quatro década antes.

10. O frei Arrábida, bispo de Anemúria, em litografia de Sebastien Auguste Sisson.

OS NOMES DA INDEPENDÊNCIA

LUÍS JOAQUIM DOS SANTOS MARROCOS (1781-1838)
O bibliotecário

Filho de um professor régio de Filosofia Racional e Moral e bibliotecário no Paço da Ajuda, em Lisboa, Luís Joaquim dos Santos Marrocos trabalhava como epistológrafo, tradutor, arquivista e assistente do pai na Real Biblioteca quando a corte se mudou para o Brasil. Pouco se sabe sobre sua vida antes de 1802, quando passou a servir como ajudante de bibliotecário, salvo que fora estudante em Coimbra. Quando se deu a invasão francesa, em 1807, passou a servir como secretário da junta militar, além de ser nomeado capitão de companhia da legião criada para se opor a Napoleão.

O acervo da Real Biblioteca deveria ter embarcado junto com a família real em fuga para o Brasil, mas foi esquecido no porto de embarque. Em 1810, d. João VI ordenou a transferência do imenso e rico acervo, com mais de 60 mil peças, entre livros, manuscritos e mapas. O transporte foi realizado em três viagens, com os volumes acondicionados em 317 caixotes. A segunda remessa chegou ao Rio em junho de 1811, sob a supervisão de Marrocos, a bordo da fragata *Princesa Carlota*.

Acomodada no prédio do hospital, próximo ao Paço Real, a biblioteca só foi aberta ao público em 1814, e até 1821 esteve sob a responsabilidade do frei Gregório José Viegas e do padre Joaquim Dâmaso, seus primeiros diretores, então chamados de prefeitos ou encarregados do arranjamento e conservação do acervo. Somente com a volta da família real a Portugal, em 1821, é que Marrocos assumiu o cargo de bibliotecário da Real Biblioteca, posição que ocuparia até 1825.

Nesse ínterim, foi designado por d. João para substituir o frei Arrábida na organização dos Manuscritos da Coroa e nomeado oficial da secretaria de Estado dos Negócios do Reino, além de receber o hábito da Ordem de Cristo. Entre 1811 e 1821, dedicou-se também a escrever ao pai e parentes em Portugal, relatando os pormenores da vida no Brasil joanino. Ao todo, foram 206 cartas, das quais 165 foram dirigidas ao pai.

58

A CORTE

As cartas revelam um homem mal-humorado, pessimista, melancólico, sarcástico e hipocondríaco. Jactava-se das próprias qualidades e de quase todos falava mal. Reclamou da cidade, do clima e das doenças contraídas (entre elas, a perda de peso e as hemorroidas). Em 1813, ao informar o pai sobre seu casamento com Ana Maria de Santiago Sousa, filha de pai português e mãe brasileira, afirmou que a esposa só tinha um defeito: "Ser carioca."[12] Marrocos teria três filhos com ela.

Apesar de depreciar o Brasil durante dez anos, Marrocos não retornou com d. João para Portugal. Depois do Sete de Setembro, resolveu permanecer em definitivo no Brasil. Em 1824, foi graduado oficial-maior da Secretaria de Estado dos Negócios do Império, dando ao país sua maior contribuição: escreveu a versão manuscrita da primeira Constituição brasileira, que seria solenemente jurada por d. Pedro I na Catedral da Sé no dia 25 de março de 1824. Cinco anos depois, pelos serviços prestados, recebeu a comenda da Ordem de Cristo. Mantendo o cargo na secretaria, em uma posição menor apenas do que a de ministro, passou a residir em Niterói, onde faleceu aos 57 anos.

4

OS MONARQUISTAS

A Revolução Liberal de 1820 sacudiu Portugal e, quando as notícias dos acontecimentos chegaram à colônia ultramarina lusitana, transformaram o Brasil em um "vulcão" – para usar a expressão da própria então princesa d. Leopoldina.

Entre 1821 e 1823, quando a Assembleia Constituinte foi convocada, o país debateu sobre o destino político da nação. Num primeiro momento, havia dois grupos principais. Os que não desejavam a separação de Portugal, em sua maioria portugueses, eram chamados de "pés de chumbo", "chumbáticos" ou "chumbeiros". Os separatistas, que defendiam a Independência e usavam como símbolo o verde e o amarelo (adotado depois do Sete de Setembro), eram chamados de "pés de cabra" pelos lusitanos.

Os pés de cabra formavam a maioria, mas não estavam em acordo quanto ao sistema de governo a ser adotado pelo novo país. Os "revolucionários" ou "liberais" ansiavam por um sistema republicano e federalista, sendo chamados por José Bonifácio de "bispos sem papa". Eram identificados com uma sempre-viva na lapela.

Havia ainda um pequeno grupo que lutava pelo federalismo (ou uma "confederação"), fosse em uma república, fosse em uma monarquia. Os monarquistas se dividiam entre os "constitucionais", que pretendiam dar ao Brasil uma Constituição que limitasse o poder imperial de acordo com os princípios liberais; e os "corcundas", que desejavam uma forma absolutista de governo. A fronteira entre qualquer um dos grupos, porém, não era bem definida.

Embora José Bonifácio fosse o maior representante da ideia de um Brasil monárquico, em nome da unidade nacional, nomes como José Clemente Pereira, inicialmente ligado aos republicanos, também aderiram à causa de uma monarquia constitucional centrada no Rio de Janeiro e em d. Pedro I. A atuação de homens como o conselheiro Vasconcelos de Drummond e o militar Francisco de Lima e Silva ajudou a consolidar o império e a impedir a instalação da república.

JOSÉ BONIFÁCIO (1763-1838)
O patriarca

Sem sombra de dúvida, José Bonifácio de Andrada e Silva é um dos maiores nomes da história política brasileira. Estadista ímpar e intelectual reconhecido internacionalmente, embora conservador e monarquista numa época em que o poder real começava a eclipsar, Bonifácio foi um dos principais artífices do Sete de Setembro e da unidade brasileira, ganhando o epíteto de "Patriarca da Independência".

Santista, José era a segunda geração da família Andrada nascida no Brasil. O avô, que chegou ao país no fim do século XVII, era aparentado de condes e marqueses, e o pai era um próspero mercador e coronel do Estado-Maior dos Dragões Auxiliares, em Santos. Os tios paternos de José Bonifácio haviam estudado na Europa, eram homens de ciência e mantinham ligações com a Igreja. José Bonifácio tinha em quem se espelhar, e a riqueza da família lhe permitiu estudar em Portugal – e também a mais

OS MONARQUISTAS

três irmãos, dois deles ligados à Independência: Martim Francisco, que se tornaria ministro da Fazenda; e Antônio Carlos Ribeiro de Andrada Machado e Silva, também envolvido na Revolução Pernambucana, motivo pelo qual permaneceu preso por quatro anos.

Em 1787, após quatro anos em Coimbra, concluiu os estudos jurídicos apenas para satisfazer o pai. Um ano mais tarde, formou-se em Filosofia e Matemática. Em 1789, foi aceito como membro da Academia de Ciências de Lisboa e, no ano seguinte, com o patrocínio do governo lusitano, iniciou uma viagem de mais de dez anos que lhe permitiria percorrer boa parte da Europa e ter contato com personalidades ilustres da ciência da época. Conheceu França, Alemanha, Dinamarca, Suécia, Noruega, Áustria e Itália. Visitou minas e jazidas, e escreveu e publicou artigos em diversas línguas, em vários jornais, associações e sociedades dos quais era correspondente.

No fim da década, era reconhecido internacionalmente como um dos maiores geólogos do mundo. Antes de partir, casou-se, em Lisboa, com a irlandesa Emília O'Leary, com quem teria duas filhas. Durante a excursão, porém, manteve íntimo contato com outras mulheres. Em seu caderno de viagem, além de anotações com endereços, despesas e notas cotidianas, incluiu os gastos com prostitutas francesas.

Apesar de sua grande contribuição à ciência, José Bonifácio é conhecido no Brasil quase que tão somente por sua contribuição à política nacional. Depois de lutar contra as tropas francesas como tenente-coronel do Corpo Voluntário Acadêmico enquanto a família real fugia para o Rio de Janeiro, permaneceu em Portugal por treze anos, só conseguindo permissão para retornar ao Brasil em 1819. Entrando na vida pública já quase sexagenário, chegou à sua terra natal justamente quando o país se preparava para uma grande reviravolta política.

Conforme as descrições da época, José Bonifácio fazia o tipo sisudo, tinha estatura baixa, rosto pequeno e redondo, nariz curvo e olhos pretos, mas brilhantes, além de cabelos pretos, finos e lisos, presos numa trança escondida na gola do casaco. A fisionomia contrastava com a vida boêmia e o gosto pelas mulheres. Mas, acima de tudo, era "homem de raro talento", segundo constatou Maria Graham: "Havia estudado todas as ciências que imaginou poderiam ser vantajosas aos interesses locais e comerciais do Brasil."[1]

Intelectual e poliglota, além de orgulhoso, insolente e até petulante, era, como nenhum outro, consciente de sua capacidade e responsabilidade. Em *Organização política do Brasil, quer como reino unido a Portugal, quer como Estado independente* e *Lembranças e apontamentos do governo provisório de São Paulo a seus deputados*, de 1821, expôs muitas das ideias com que planejava transformar o Brasil e retirar o país do estado de estagnação: incorporar os indígenas à sociedade; abolir a escravidão ("todo cidadão que ousar propor o restabelecimento da escravidão e da nobreza será imediatamente deportado"); e extinguir os latifúndios. Levantou a bandeira da criação de uma universidade de Direito e de uma capital no interior do país, e defendeu, ainda, o fomento à imigração, ao desenvolvimento dos meios de transporte e da exploração das minas.

Próximo de d. Pedro, José Bonifácio tornou-se ministro e principal conselheiro político do então príncipe regente – nas palavras de d. Leopoldina, um "ministro fiel" e "o maior" dos amigos. Em 1822, antes mesmo do Sete de Setembro, atuando como ministro do Reino e dos Negócios Estrangeiros, começou a estruturar o país em modelos mais eficientes de administração. A fim de moralizar o serviço público e salvaguardar o Erário, baixou uma portaria proibindo acumulação de empregos públicos, exigindo prova de assiduidade para pagamento dos salários.

Descreveu também regras para emissão de passaportes para estrangeiros e despachos de navios, e até mesmo sobre o cerimonial e o uso de uniforme no corpo diplomático. Designou o primeiro agente consular para Buenos Aires (em maio) e enviou os primeiros agentes diplomáticos para a Europa e os Estados Unidos (em agosto).

OS MONARQUISTAS

Nesse ínterim, em junho, como membro da loja Comércio e Artes (onde usava o nome simbólico de "Irmão Pitágoras"), foi eleito grão-mestre do Grande Oriente do Brasil (reunião das três lojas maçônicas cariocas) quase ao mesmo tempo que fundava o Apostolado, sociedade secreta que defendia a Independência e a integridade do Brasil a partir de uma monarquia constitucional, em oposição ao grupo liderado por Gonçalves Ledo, de orientação republicana.

Em setembro de 1822, expôs ao Conselho de Estado, presidido por d. Leopoldina, a situação política do país e a necessidade de uma separação definitiva de Portugal. Em carta enviada a d. Pedro, que estava em São Paulo, escreveu que o momento não comportava "mais delongas ou condescendências": "Senhor, o dado está lançado, e de Portugal não temos a esperar senão escravidão e horrores. Venha Vossa Alteza Real o quanto antes e decida-se, porque irresoluções e medidas de água morna, à vista desse contrário que não nos poupa, para nada servem, e um perdido é uma desgraça."[2]

O príncipe regente proclamou a Independência no Ipiranga, e José Bonifácio tornou-se um dos principais nomes em torno do imperador até julho de 1823, quando renunciou ao ministério. No fim do ano, com o fechamento da Assembleia Constituinte, foi preso e enviado para o exílio na França. De volta ao Brasil, em 1829, já viúvo, passou a residir na ilha de Paquetá, reaproximando-se do imperador.

Em 1831, d. Pedro I o nomeou tutor do filho, futuro d. Pedro II. Assumiu como deputado pela Bahia nesse mesmo ano, além de ser novamente eleito grão-mestre do Grande Oriente. No entanto, suspeito de tramar uma conspiração pela restauração do imperador, foi preso em 1833, sendo julgado e absolvido.

Faleceu em Niterói, aos 75 anos. Seu corpo foi levado para o Rio de Janeiro e, mais tarde, para Santos. Seus restos mortais repousam no Panteão dos Andradas desde 1923. Seu nome consta no Livro dos Heróis e Heroínas da Pátria desde 2005.

11. José Bonifácio, principal conselheiro de d. Pedro I, considerado o Patriarca da Independência, em pintura de Benedito Calixto.

OS MONARQUISTAS

JOSÉ CLEMENTE PEREIRA (1787-1854)
O homem do Dia do Fico

José Clemente Pereira foi um dos mais ativos homens públicos do Brasil da primeira metade do século XIX. De origem humilde, nasceu na região de Trancoso, em Portugal. Estudou em Coimbra e, por ocasião da invasão francesa, integrou o Corpo Voluntário Acadêmico, organizado por José Bonifácio, motivo pelo qual a universidade o dispensou da formatura de bacharel em Direito e Cânones.

Permaneceu no serviço militar até a derrota de Napoleão, em 1814, tendo servido sob as ordens do duque de Wellington na Espanha e na França. Transferiu-se para o Brasil e atuou como advogado no Rio de Janeiro até que, em 1819, d. João VI o nomeasse juiz de fora em Praia Grande (Niterói). Daí em diante, esteve envolvido em quase todas as questões políticas do país, do processo de Independência ao Segundo Reinado, passando pelo governo de d. Pedro I e pelas turbulências da Regência.

Como liberal constitucional, deu apoio à Revolução de 1820 e à instalação das Cortes. No ano seguinte, foi nomeado juiz de fora do Rio de Janeiro e escolhido presidente do Senado da Câmara. Participou, na mesma época, da fundação do Grande Oriente do Brasil, atuando como orador da loja União e Tranquilidade e tendo "Irmão Camarão" como nome simbólico.

Após o retorno de d. João VI a Lisboa, ligou-se aos que desejavam a permanência do príncipe regente no Brasil, tomando partido da Independência. Assim, foi um dos articulistas do Dia do Fico e, como presidente do Senado da Câmara (a Câmara Municipal) do Rio de Janeiro, foi o responsável por entregar a d. Pedro a carta escrita pelo frei Sampaio, solicitando que o príncipe permanecesse no Brasil. Em 9 de janeiro de 1822, com o "fico" de d. Pedro, Clemente Pereira repetiu ao povo reunido em torno do Paço as palavras proferidas pelo príncipe: "Como é para o bem de todos e felicidade geral da nação, estou pronto; diga ao povo que fico."[3]

Embora estivesse mais próximo do grupo de Gonçalves Ledo, que liderava os republicanos, Clemente Pereira acreditava, assim como José Bonifácio, que somente com d. Pedro no trono e uma monarquia constitucional o Brasil não cairia na anarquia revolucionária. Por esse motivo, tão logo d. Pedro retornou de São Paulo após a Proclamação da Independência, ele enviou uma circular às demais câmaras do país propondo que o imperador fosse aclamado em outubro e jurasse uma Constituição a ser elaborada por uma Assembleia Constituinte, o que o colocou em guerra com José Bonifácio, o principal conselheiro de d. Pedro e então ministro e secretário de Estado dos Negócios do Império.

O influente patriarca deu início a uma devassa conhecida como "Bonifácia". Gonçalves Ledo, cônego Januário e Clemente Pereira, entre outros, foram perseguidos. Quem não conseguiu fugir foi preso. Indiciado por "conspiração", Clemente Pereira foi encarcerado na Fortaleza de Santa Cruz e depois, em dezembro de 1822, enviado para o exílio na França. No ano seguinte, com a demissão de Bonifácio, ele foi inocentado e pôde voltar ao Brasil.

Em 1826, Clemente Pereira foi eleito deputado pelo Rio de Janeiro para a primeira legislatura da Assembleia Geral. Seria reeleito deputado geral e provincial até 1842, quando se tornou senador do Império, cargo que ocuparia até a morte, doze anos mais tarde. Ativo, apresentou um projeto para a abolição da escravidão (1826) e dedicou-se aos debates em torno da lei de responsabilidade dos ministros de Estado, do Código Criminal e do Código Comercial.

Nesse ínterim, ocupou diversos cargos públicos. Foi intendente da Polícia da Corte (1827-28); secretário de Estado dos Negócios do Império (1828-29); ministro da Fazenda (1828); ministro da Justiça (1828); ministro da Guerra, em duas oportunidades (1829 e 1841-43); além de presidente do Tribunal do Comércio da Corte e conselheiro de Estado.

No fim do Primeiro Reinado, às vésperas da abdicação de d. Pedro, sua ligação próxima com a comunidade portuguesa fez com que surgissem rumores de que tramava a restauração do absolutismo.

Distanciou-se dos liberais durante a Regência, ingressando no Partido Conservador, adepto de uma monarquia forte e centrada no imperador. Dedicou-se à filantropia, foi provedor da Santa Casa de Misericórdia e, entre muitas outras coisas, esteve envolvido na fundação do Instituto Histórico e Geográfico Brasileiro (IHGB).

Clemente Pereira morreu no Rio de Janeiro, aos 67 anos. Três dias após sua morte, em razão das ações que realizou em prol do Império e da humanidade, d. Pedro II concedeu à viúva Engrácia Maria da Costa Ribeiro o título de condessa da Piedade.

12. Fotografia de 2019 do Paço Imperial, local de despachos de d. João VI e onde d. Pedro I foi aclamado após decidir permanecer no Brasil, no Dia do Fico.

OS NOMES DA INDEPENDÊNCIA

FRANCISCO DE LIMA E SILVA (1785-1853)
O homem das armas

Embora a família não tivesse origem nobre, poucos sobrenomes serviram tão bem à Casa de Bragança e à monarquia luso-brasileira quanto os Lima e Silva. Francisco era filho do marechal português José Joaquim de Lima e Silva, que, como simples alferes, desembarcara no Brasil em 1767. Décadas mais tarde, já idoso, fidalgo da Casa Real e comendador da Ordem de Avis, viu os filhos seguirem o mesmo caminho. Quatro alcançaram o generalato, sendo que os dois mais velhos tiveram participação ativa nos eventos da Independência, no Primeiro Reinado e no período regencial.

Além de Francisco – que viria a ser pai de Luís Alves de Lima e Silva, o duque de Caxias, o mais destacado militar do Segundo Reinado –, José Joaquim de Lima e Silva, homônimo do pai e, mais tarde, visconde de Magé, também ganharia destaque na Guerra da Independência. José Joaquim comandou uma das brigadas brasileiras (o Batalhão do Imperador) na luta contra os portugueses na Bahia e assumiu o lugar de Labatut no comando do Exército Pacificador, que entrou em Salvador no Dois de Julho.

Nascido no Rio de Janeiro, Francisco de Lima e Silva entrou para o Regimento Bragança aos cinco anos. Essa unidade militar, depois Primeiro Regimento de Infantaria do Rio de Janeiro, comandada pelo tio, ficaria conhecida como "Regimento dos Lima". Ainda muito jovem, aos dezesseis anos, casou-se com Mariana Cândida de Oliveira Bello, de dezoito anos, com quem teria dez filhos ao longo de quatro décadas de matrimônio.

Em 1824, então coronel e comissionado brigadeiro, foi enviado ao Nordeste para debelar a Confederação do Equador. Partindo do Engenho

OS MONARQUISTAS

Suassuna, em Jaboatão dos Guararapes, venceu o coronel Barros Falcão e se apoderou de Recife, obrigando o líder do movimento separatista republicano Paes de Andrade a se refugiar a bordo de um navio da esquadra inglesa. Sufocada a revolta, Lima e Silva assumiu a presidência da província até o ano seguinte, quando retornou ao Rio de Janeiro, não sem antes mandar executar frei Caneca. Na corte, recebeu do imperador a honra de apresentar publicamente o recém-nascido herdeiro do trono brasileiro, o futuro d. Pedro II.

Eleito senador em 1827, o brigadeiro esteve envolvido diretamente no episódio que forçaria d. Pedro a abdicar em 1831. Lima e Silva chegou a ser afastado do comando das armas da corte, sendo readmitido logo depois. Embora servisse de mediador entre d. Pedro e os descontentes, apoiou os liberais liderados pelo senador Vergueiro e pelo jornalista Evaristo da Veiga, que conspiravam contra o monarca. Quando a situação se tornou insustentável, prometeu a d. Pedro se pôr à frente da revolução e garantir a continuidade da monarquia, ao que o imperador teria dito: "Confio-lhe o destino de meus filhos."[4]

Com a abdicação de d. Pedro, Lima e Silva foi eleito um dos três membros da Regência Provisória, ao lado de Vergueiro e Carneiro de Campos, e o único eleito para a Regência Trina Permanente (1831-35). Em 1841, recebeu o título de barão de Barra Grande, referência à localidade onde estavam estacionadas as tropas imperiais que combateram a Confederação do Equador. Lima e Silva, porém, rejeitou a honraria, assim como se recusou a receber uma pensão vitalícia por seu cargo na Regência – o dinheiro foi doado aos filhos dos revolucionários pernambucanos. Ele também recebeu a grã-cruz da Imperial Ordem do Cruzeiro, o grau mais alto da condecoração. Foi eleito sócio do Instituto Histórico e Geográfico Brasileiro em 1847. Seis anos mais tarde, o marechal faleceu no Rio de Janeiro, aos 68 anos.

OS NOMES DA INDEPENDÊNCIA

13. Francisco de Lima e Silva, em litografia de Sébastien Auguste Sisson.

VASCONCELOS DE DRUMMOND (1794-1865)
O diplomata

Carioca e filho de um capitão do Exército português, Antônio de Meneses Vasconcelos de Drummond fez os estudos iniciais no Rio de Janeiro.

Em 1807, estava prestes a embarcar para Lisboa, onde seguiria o curso de guarda-marinha, quando a notícia da fuga da família real chegou ao Brasil. Como seu pai era amigo do chanceler-mor Tomás Antônio de Vilanova Portugal, o jovem, então com quinze anos, ganhou um cargo de secretário no gabinete do ministro. Atuando junto de um dos principais conselheiros de d. João VI, em um ano Drummond já tinha recebido o hábito da Ordem de Cristo.

Em 1817, porém, foi acusado de ser "pedreiro-livre", como os maçons eram chamados então. Como Vilanova Portugal era um dos principais inimigos das sociedades secretas, Drummond precisou pedir licença do cargo de contador da chancelaria e passar uma temporada em Santa Catarina, onde projetou a instalação de uma colônia às margens do rio Itajaí-Mirim. Décadas mais tarde, ele negou qualquer participação na maçonaria, não obstante fosse muito próximo de José Bonifácio e da família Andrada, expoentes maçons.

De toda forma, quando a Revolução do Porto estourou, em 1820, e as agitações tiveram início no Brasil, Drummond tomou partido de d. Pedro e da separação política de Portugal, passando a integrar o Clube da Resistência, liderado por José Joaquim da Rocha. A pedido do próprio príncipe regente, foi ele, como intendente de Polícia, quem leu na livraria de Manuel da Silva Porto, na rua da Quitanda, a carta redigida por José Bonifácio e assinada pela junta governativa paulista, datada de 24 de dezembro de 1821, concitando d. Pedro a permanecer no Brasil. O objetivo era dar publicidade à carta e sondar a opinião popular a respeito da situação. No começo do ano seguinte, d. Pedro decidiu ficar, e a Independência passou a ser uma questão de tempo. Bonifácio despachou Drummond para Pernambuco e Bahia em viagem secreta a fim de conseguir apoio das províncias do Nordeste para a causa brasileira. Em suas memórias, Drummond afirma que poucas foram as noites de descanso.

No começo de setembro de 1822, quando d. Leopoldina convocou o Conselho de Estado para deliberar sobre as notícias recém-chegadas de

Lisboa, além dos ministros, de José Bonifácio, de Gonçalves Ledo e de José Clemente Pereira, Vasconcelos de Drummond também estava presente, de retorno de sua viagem diplomática. "A princesa real, que se achava muito entusiasmada em favor da causa do Brasil, sancionou com muito prazer a deliberação do conselho", lembraria mais tarde.

Assim que d. Pedro chegou de São Paulo, Drummond fez uma visita ao palácio de São Cristóvão e recebeu da imperatriz "um laço de seda verde", o símbolo da Independência, que, na falta de outro material, d. Leopoldina havia retirado das fitas de seu travesseiro. Mais tarde, ele escreveria: "Fui testemunha ocular e posso asseverar aos contemporâneos que a princesa Leopoldina cooperou vivamente dentro e fora do país para a Independência do Brasil. Debaixo deste ponto de vista, o Brasil deve à sua memória gratidão eterna."[5]

No entanto, a ligação próxima com José Bonifácio, a quem chamava de amigo, mestre e diretor, colocou Drummond em situação delicada. No mês seguinte à demissão do patriarca do ministério, o que ocorreu em julho de 1823, os dois passaram a escrever e editar o jornal *O Tamoyo*, cujo nome era uma referência à tribo indígena de maior resistência à dominação portuguesa. Quando d. Pedro fechou a Assembleia Constituinte, em novembro, Vasconcelos de Drummond foi preso com os Andrada e outros deputados. Enviado à França, permaneceria no exílio até 1829, quando obteve permissão para regressar ao Brasil.

14. Vasconcelos de Drummond teve papel importante na relação do Brasil independente com outras nações europeias.

OS MONARQUISTAS

No ano seguinte, deu início à carreira diplomática na Europa, sendo nomeado cônsul-geral na Prússia e em outros Estados alemães. Nos anos posteriores, atuou como encarregado de negócios na Sardenha, Toscana, em Parma, Nápoles e nos Estados Pontifícios, onde foi elevado à condição de ministro residente. Em 1837, foi nomeado ministro plenipotenciário em Lisboa, cargo que ocupou até sua exoneração, em 1853. Aposentou-se em definitivo em 1862.

Entre idas e vindas, colaborou com os jornais *La France Chrétienne* e *Journal de Voyages*, e escreveu *Anotações*, relato do que viveu na época da Independência e do Primeiro Reinado. Ao longo de sua vida no Velho Mundo, reuniu centenas de documentos relativos à Independência brasileira que, mais tarde, serviriam de fonte de pesquisa, tais como ordenações, regimentos, alvarás, cartas régias, crônicas manuscritas, correspondências – entre as quais, cartas recebidas de José Bonifácio e seus irmãos, de 1824 a 1833 – e notas diversas. Retirado da vida pública e cego, faleceu em Paris antes de completar 71 anos.

5

OS REPUBLICANOS

A ideia de república chegou ao Brasil nas décadas finais do século XVIII. Os movimentos nativistas começaram bem antes disso, pelo menos desde a aclamação de Amador Bueno, no século XVII. Propagada pelo Iluminismo e presente em eventos históricos importantes, como a Independência dos Estados Unidos (1776) e a Revolução Francesa (1789), a ideia de liberdade e igualdade estava intrinsecamente ligada à destruição do absolutismo. Em um século de efervescência intelectual, em que as bases da monarquia começavam a ser contestadas, o ideal republicano ganhava força. Na França, o Antigo Regime caiu, instaurou-se uma república e o rei foi guilhotinado. Rapidamente, "as ideias francesas" desembarcaram na América, acompanhando os jovens que retornavam dos estudos em universidades europeias. Quando as colônias espanholas começaram movimentos emancipacionistas, foi pela república que optaram.

No Brasil, as revoltas contra a dominação lusa também tinham ligação com esse ideal político. A Inconfidência Mineira (1789), a Conjuração Baiana (1798) e a Revolução Pernambucana (1817) ainda estavam bem vivas na memória dos brasileiros quando d. Pedro proclamou a Independência, em 1822. Articulado a partir do Rio de Janeiro, onde a corte portuguesa se estabelecera em 1808, o Sete de Setembro foi diretamente influenciado por monarquistas – embora constitucionais – e pela ideia de centralidade do poder mais do que por republicanos e federalistas, presentes em todos os movimentos emancipacionistas anteriores, principalmente em Pernambuco.

Em nome da Independência, os principais advogados da república no Brasil, Gonçalves Ledo entre eles, aceitaram o arranjo elaborado, por mais contraditório que pudesse parecer: uma monarquia constitucional representativa, cujo monarca era filho e herdeiro do monarca português. Isso pelo menos até que d. Pedro mostrasse os limites de seu liberalismo.

CIPRIANO BARATA (1762-1838)
O agitador

Um dos mais combativos jornalistas brasileiros, articulista polêmico e contraditório, com fama de agitador, Cipriano José Barata de Almeida esteve envolvido nos principais movimentos sociais, políticos e separatistas, pré e pós-Independência, permanecendo mais de uma década nas cadeias do Império. Nascido na freguesia de São Pedro Velho, em Salvador, era filho de um tenente português. Pertencendo à classe média colonial, conseguiu se matricular em Coimbra, onde estudou Matemática, Filosofia e Cirurgia, curso que não chegou a concluir, mas que serviu para que exercesse a medicina como "cirurgião aprovado".[1]

Voltou ao Brasil após a morte do pai e, influenciado pelas ideias iluministas e pelos estudos na Europa, se envolveu com a Revolta dos Alfaiates, em 1798, articulada por um grupo ligado à maçonaria e conhecido como Cavaleiros da Luz. Chamada nos autos de "sedição de mulatos", o movimento, de caráter popular, defendia a instalação de uma república, o livre-comércio e a igualdade racial. Preso, junto com seus 74 livros, ele foi absolvido e solto dois anos depois. Nessa época, é descrito como homem branco, de estatura mediana e "seco de corpo", cabeça redonda, rosto comprido e barba cerrada, orelhas pequenas, testa baixa, sobrancelhas delgadas, olhos pequenos, "pretos e muito vivos", boca pequena, lábios finos e nariz afilado.[2]

Cipriano Barata passou quase duas décadas longe da política, voltando à ativa em 1817 com a malograda Revolução Pernambucana, que se levantou contra d. João VI. Três anos mais tarde, aderiu ao constitucionalismo da Revolução do Porto, sendo eleito deputado às Cortes pela Bahia no ano seguinte. Ao chegar a Lisboa, porém, sabendo que o país não manteria a condição de Reino Unido a Portugal e percebendo que as Cortes trabalhavam em prol da recolonização do Brasil, tentou interromper os trabalhos constitucionais até a chegada dos demais deputados brasileiros.

Sem sucesso e já com o Rio de Janeiro em outra situação política, não assinou a Constituição portuguesa, fugindo para a Inglaterra, de onde partiu para o Recife. De lá iniciou as atividades como articulista do jornal *Gazeta Pernambucana*. Em abril de 1823, criou o próprio jornal, *Sentinela da Liberdade na Guarita de Pernambuco*, que seria editado e publicado até agosto de 1835.

Eleito deputado constituinte com 612 votos, Cipriano Barata se negou a participar da Assembleia, alegando ter "opiniões livres" que iam "quase todas de encontro ao projeto de Constituição". Maçom como o Patriarca da Independência, mas crítico de José Bonifácio e do Apostolado, do centralismo conservador e do despotismo de d. Pedro I, Cipriano Barata foi detido sem acusação formal em sua casa, em novembro de 1823. Levado depois ao Rio de Janeiro, ficaria encarcerado até setembro de 1830, a prisão mais longa da história do Império.

Após a abdicação de d. Pedro, em abril do ano seguinte, e dos distúrbios contra a presença lusitana em Salvador, o jornalista chamou o ex-imperador de "tirano demônio", "demônio assassino" e "celerado assassino". Preso novamente, foi solto pelo Supremo Tribunal de Justiça três anos mais tarde, em 1834, já doente e com 71 anos. Em agosto de 1832, preso no Forte do Mar, casou-se com Ana Joaquina de Oliveira, viúva de 47 anos com quem já tinha cinco filhos.

OS NOMES DA INDEPENDÊNCIA

Mesmo tendo passado vários anos na cadeia, Cipriano Barata nunca deixou de publicar *Sentinela da Liberdade*, embora, devido às restrições, as publicações não tivessem regularidade. Além da chamada "Alerta", marca de quase todas as edições do jornal, com exceção dos anos 1834-35, quando usou "Viva a Pátria", ao longo dos anos o título do periódico seria seguido da identificação do local onde era escrito, indicando as várias prisões pelas quais seu redator passava: a Fortaleza do Brum, em Recife (*Sentinela da Liberdade na Guarita de Pernambuco*, "atacada e presa na fortaleza do Brum por ordem da força armada reunida"); em Pirajá e no forte de São Pedro, na Bahia ("na guarita do quartel-general de Pirajá, na baía de Todos-os--Santos" e "na guarita do Forte de São Pedro"); na ilha das Cobras, na ilha de Villegagnon e na baía da Guanabara, Rio de Janeiro (*Sentinela da Liberdade*, "hoje presa na guarita da fragata *Niterói*, no Rio de Janeiro"). Cipriano Barata esteve preso também nos fortes do Mar e Barbalho; na presiganga, um navio-prisão; no Hospital Militar de Salvador; e nas fortalezas de Santa Cruz e do Laje, na capital imperial.[3]

Não obstante seja descrito muitas vezes como um republicano, Cipriano Barata não chegou a atacar diretamente a monarquia, ainda que tenha sido um dos incentivadores da Confederação do Equador, em 1824, movimento notadamente de caráter republicano e separatista, assim como ativo em 1798 e 1817. *Sentinela da Liberdade*, bem como muitos de seus manifestos, seguia uma linha federalista, mesmo que seu pensamento estivesse associado a ideais republicanos: pregou a liberdade de imprensa, a autonomia provincial, o constitucionalismo, a emancipação dos escravizados (embora fosse proprietário de alguns) e a participação das mulheres na vida pública. Combateu também o serviço militar compulsório, o despotismo, o absolutismo e as desigualdades sociais.

Quebrantado por anos de privações e discussões ideológicas, idoso e diabético, pôs fim às publicações do jornal, afastou-se da política e se retirou para Natal, onde atuou como médico e professor de francês no Atheneu Norte-Riograndense. Mesmo auxiliado pelo presidente da província, faleceu pobre aos 75 anos.

15. Cipriano Barata em tela do italiano Domenico Failutti, pintada na década de 1920.

FREI CANECA (1779-1825)
O mártir pernambucano

Um dos mais destacados líderes republicanos brasileiros, Joaquim da Silva Rabelo nasceu em Fora de Portas, em Recife. Filho de um tanoeiro português e de uma brasileira, bem cedo em sua vida Joaquim tornou-se noviço da Ordem do Carmo, provavelmente por influência materna. Tomou o hábito carmelita em 1796, aos dezessete anos, professou no ano seguinte e ordenou-se em 1801, aos 22. Na época, instado a escolher um nome religioso, adotou o nome pelo qual ficaria conhecido, homenagem à profissão do pai: frei Joaquim do Amor Divino Caneca.

Dotado de "apetite enciclopédico", para ampliar seus estudos, cursou no Seminário de Olinda as disciplinas que não tivera entre os carmelitas. Em 1803, foi designado professor de Geometria e Retórica, lecionando também Filosofia Racional e Moral. Paralelamente, atuou como definidor e secretário do visitador-geral da ordem.

Além das atividades religiosas, frei Caneca esteve envolvido com uma mulher sobre quem quase nada se sabe, mas que ele chama de "Marília" em cartas e poemas de amor. Desse relacionamento nasceram suas filhas, que o religioso chama de "afilhadas" em cartas escritas em 1825, às vésperas de ser executado. Nesse ínterim, frei Caneca envolveu-se com o movimento que desencadearia a Revolução Pernambucana, embora não tanto quanto parte da bibliografia brasileira faz parecer. Não há menções a sua participação quando da deflagração do movimento. Em acusação posterior, teria combatido com o Exército republicano na condição de capitão de guerrilha. Fato é que ele foi detido com os líderes revolucionários e mantido preso até 1821.

No cárcere, ainda em meio à atividade intelectual, escreveu o livro *Breve compêndio de gramática portuguesa*. Em liberdade, escreveu, entre outros, *A dissertação sobre o que se deve entender por pátria do cidadão e os deveres deste para com a mesma pátria* (1822), cujo tema central é o debate sobre questões constitucionais, identidade, pátria, nação e cidadania; *Cartas de Pídia a Damão* (1823), em que trata de questões institucionais e discute o posicionamento das sociedades secretas pernambucanas; *Voto sobre o juramento de constituição* e *Crítica à constituição outorgada* (ambos de 1824), respostas ao projeto constitucional de d. Pedro I e à imposição da primeira Carta brasileira pelo imperador. Sobre o monarca, escreveu: "Príncipe português, que o Brasil, imprudente e loucamente, havia proclamado imperador."[4]

Além dos filósofos gregos antigos, frei Caneca estava conectado a pensadores como Hobbes, Rousseau e Montesquieu, a filósofos iluministas europeus e a federalistas norte-americanos. Mantinha contato com Hipólito José da Costa, Gonçalves Ledo, cônego Januário e Cipriano Barata, todos maçons e adeptos de ideias liberais. Ele próprio é tido por muitos como maçom, não obstante o ano e o local de sua iniciação na maçonaria não sejam conhecidos e ele mesmo tenha negado a participação em sociedades secretas (era crítico, por exemplo, do Apostolado, criado por José Bonifácio). Mas, de fato, muitos de seus textos contêm expressões maçônicas (como o "grande arquiteto do universo"), e suas ideias eram próximas das que circulavam entre os chamados pedreiros-livres.

Em 1821, frei Caneca prestou apoio à Junta Governativa de Pernambuco. No ano seguinte, contudo, ao ser substituída pelo que ficou conhecido como Junta dos Matutos, formada por proprietários rurais donos de engenhos, passou à oposição sem combatê-la, preferindo atacar a corte, no Rio de Janeiro. Tão logo Paes de Andrade proclamou a Confederação do Equador, frei Caneca se envolveu mais diretamente com o movimento republicano e federalista, especialmente com a atividade de jornalista. Com o intuito de instruir politicamente o "povo rude", em 1823 passou a escrever e publicar o jornal *Typhis Pernambucano*, que circulou até agosto do ano seguinte.

A Confederação do Equador foi sufocada, e frei Caneca, preso, em novembro de 1824, no Ceará. Posteriormente, conduzido a Recife, uma comissão militar o julgou. Tal comissão era presidida pelo brigadeiro Francisco de Lima e Silva, responsável por esmagar os revoltosos e também presidente da província. Condenado à forca como um dos líderes da rebelião, em 13 de fevereiro do ano seguinte, três prisioneiros indicados para servir de carrasco – Agostinho Vieira e dois homens pretos – recusaram-se a cumprir a sentença.

O religioso foi arcabuzado por um batalhão diante do Forte das Cinco Pontas. Tinha 46 anos. Seu corpo foi exposto diante do mosteiro carmelita, sendo, depois, sepultado em lugar desconhecido. Em 2007, frei Caneca passou a fazer parte do Livro dos Heróis e Heroínas da Pátria.

16. A execução de frei Caneca, em tela de Murillo La Greca, pintada no centenário da Confederação do Equador.

OS REPUBLICANOS

MANOEL DE CARVALHO PAES DE ANDRADE (1774-1855)
O líder da Confederação do Equador

Nascido no seio da aristocracia, filho de um burocrata português, secretário do governador provincial, e de uma pernambucana de família tradicional, Manoel de Carvalho Paes de Andrade se destacou não apenas pelo ideal de um Brasil republicano, mas principalmente por liderar o primeiro estado federativo independente do país. Órfão de pai, não teve educação formal e acurada. Enviado a Portugal à custa de um tio do lado paterno, refugiou-se na ilha da Madeira quando da invasão francesa, em 1807. Retornou a Pernambuco, casou-se com Francisca Miguelina e dedicou-se à administração de engenhos e fazendas e ao comércio, o que lhe proporcionou contato com estrangeiros, ideias liberais e a maçonaria, comum a quase todos os revolucionários.

Entusiasta da república, aderiu à Revolução de 1817, movimento nativista de caráter separatista, federalista e republicano. "República e só república", teria dito, "e morra para sempre a tirania real!"[5] Com o fracasso do movimento sedicioso, refugiou-se no Engenho Santana, em Jaboatão dos Guararapes, de onde conseguiu embarcar para os Estados Unidos. De lá voltou em 1821, casado com a estadunidense Elisabeth Irving, com quem teria três filhas, todas batizadas com nomes de estados norte-americanos (Filadélfia, Pensilvânia e Carolina).

A influência anglo-saxã em Paes de Andrade era notória. Segundo um parente, era "um americano nas ideias, nos modos e nos costumes", opinião compartilhada por Barros Falcão, o comandante das tropas brasileiras em Pirajá que aderiu à Confederação Pernambucana e foi indicado como governador de Armas. Para o militar, Paes de Andrade diferia dos brasileiros em aspecto, porte, costumes, maneiras, "no caráter e até no modo de trajar".[6]

Maria Graham, que esteve com ele em 1824, notou desenvoltura nas discussões sobre teoria constitucional. E tanto lorde Cochrane quanto o brigadeiro Lima e Silva, que lutaram contra Paes de Andrade, o tinham

OS NOMES DA INDEPENDÊNCIA

como empreendedor e determinado. Se, de um lado, amava o federalismo e o estilo de vida estadunidense, de outro detestava tanto os lusos quanto o que eles representavam: o absolutismo. "A perfídia e a crueldade são as duas notas que distinguem os portugueses dos outros povos da Europa",[7] afirmou certa vez.

Em 1821, Paes de Andrade participou do movimento constitucionalista que expulsou o governador português e implantou um governo pernambucano autônomo, presidido por Gervásio Pires. Ocupava o cargo de intendente da Marinha quando d. Pedro I nomeou Francisco Paes Barreto presidente da província e destituiu a Assembleia Constituinte, no Rio de Janeiro, em 1823. Eleito provisoriamente presidente de Pernambuco em dezembro do mesmo ano, foi confirmado no cargo em janeiro do ano seguinte pelas câmaras de Recife e Olinda, contrariando as ordens do Rio de Janeiro.

Apesar de republicano, era cauteloso e aceitava a ideia de uma monarquia constitucional – desde que federalista. O problema central não estaria no chefe de Estado, mas na natureza do regime. Os desentendimentos seguiram até o rompimento completo. Em 2 de julho de 1824, Paes de Andrade proclamou a Confederação do Equador, que pretendia unir "as valentes províncias do Norte" aos principais estados com estreita relação com Pernambuco (Ceará, Paraíba e Rio Grande do Norte): "Brasileiros! Pequenas consequências só devem estorvar pequenas almas; o momento é este, salvemos a honra, a pátria e a liberdade."

Os rebeldes esboçaram uma Constituição segundo o "sistema americano" (e nos moldes da Carta colombiana), definiram a fronteira da nova nação (a margem esquerda do rio São Francisco, de Alagoas até o Maranhão) e uma bandeira (tendo a cana-de-açúcar e o algodão como símbolos e "religião, independência, união e liberdade"[8] como divisa). Paes de Andrade chegou mesmo a encomendar navios de guerra na Inglaterra e nos Estados Unidos. A adesão, porém, não foi a esperada. D. Pedro I enviou ao Nordeste o brigadeiro Francisco de Lima e Silva, que não teve dificuldades em sufocar a revolta. Em dois meses, o sonho de uma república federalista havia sido destruído por um imperador que se dizia liberal e agia com despotismo.

No dia 12 de setembro de 1824, Lima e Silva entrou em Recife. Paes de Andrade se refugiou na fragata inglesa *Tweed*, deixou família e bens (sua casa foi saqueada) e partiu para o exílio na Inglaterra. Só retornaria ao Brasil depois da abdicação de d. Pedro I, em 1831. Foi eleito senador pela Paraíba três anos depois. Membro do Partido Liberal, presidiu Pernambuco de 1834 a 1835. Cinco anos mais tarde, influenciado pelo senador Holanda Cavalcanti, votou pela declaração da maioridade de d. Pedro II, o que daria fim ao período regencial, ocasião em que declarou: "Senhores, muitas revoluções contra os reis o povo tem feito; mas a favor dos reis só vocês querem fazer."[9] Coronel de legião da Guarda Nacional, recebeu o título de cavaleiro da Ordem de Cristo. Morreu no Rio de Janeiro aos 81 anos.

JOAQUIM GONÇALVES LEDO (1781-1847)
O articulador da Independência

Ele foi um dos mais destacados políticos brasileiros, defensor e propagador do ideal republicano como poucos e articulador das principais ações que culminariam no Sete de Setembro e no surgimento de um novo país. Seu nome, porém, foi ofuscado, em parte, por José Bonifácio, seu mais ferrenho opositor na política, na maçonaria e na imprensa. Filho de um negociante português e de mãe brasileira, Joaquim Gonçalves Ledo nasceu no Rio de Janeiro. Aos quatorze anos, foi enviado para concluir os estudos e cursar Direito em Coimbra, onde teve contato com os ideais iluministas e provavelmente foi iniciado na maçonaria. Com a morte do pai, não pôde concluir a formação universitária.

De volta ao Brasil, acalentou a esperança de estudar Literatura na Inglaterra. Chegou a viajar a Londres, mas, sem dinheiro, não pôde permanecer

OS NOMES DA INDEPENDÊNCIA

na Europa. Estabelecido em definitivo no Rio de Janeiro, assumiu a administração da loja comercial do pai e de uma fazenda no distrito de Santo Antônio de Sá. Além de comerciante, empregou-se como oficial-maior da contadoria do Arsenal do Exército.

Desde os tempos de Coimbra, Gonçalves Ledo passara a advogar a causa brasileira. Quando Napoleão invadiu Portugal, em 1807, e a corte deixou Lisboa, ele escreveu ao irmão: "Não seguirei para os batalhões portugueses, nem derramarei meu sangue na defesa dos opressores da minha terra de nascimento." Também demonstrava inclinação republicana e desprezo pela monarquia e pelo despotismo colonial que mais tarde marcariam a luta pela Independência: "Se o rei de Portugal, se a nobreza de Portugal abandonam o berço que os embalou, não serei eu, nascido no Brasil, odiando os matadores de Tiradentes, que iria para o campo de batalha lutar pela liberdade dos déspotas que sugaram e ainda sugam as riquezas brasileiras."[10]

No Rio de Janeiro, Gonçalves Ledo participou da criação da loja maçônica Comércio e Artes, em 1815. Fechada por d. João VI, a loja seria reinstalada em 1821. No ano seguinte, junto com a União e Tranquilidade e a Esperança de Niterói, a Comércio e Artes formou o Grande Oriente do Brasil, sendo "Irmão Diderot" seu nome simbólico na maçonaria, escolhido primeiro Grande Vigilante. A posse foi realizada no edifício do porto do Meyer, na Praia Grande, na manhã do dia 24 de junho de 1822.

Nesse meio-tempo, Gonçalves Ledo também fundou, em parceria com o cônego Januário, o jornal *Revérbero Constitucional Fluminense*, impresso nas oficinas Moreira & Garcez, promotor da ideia constitucional e da separação entre colônia e metrópole.

Em torno de Gonçalves Ledo gravitava o grupo que defendia a Independência e a instalação de uma república, embora estivesse por trás do Dia do Fico e do título concedido a d. Pedro I de Defensor Perpétuo do Brasil, e aceitasse a monarquia, desde que os brasileiros se libertassem dos lusitanos.

OS REPUBLICANOS

Antes mesmo do Sete de Setembro, em abril de 1822 o *Revérbero Constitucional* escrevia abertamente sobre a separação de Brasil e Portugal. Em agosto, Gonçalves Ledo lançou um *Manifesto aos povos do Brasil*, dando a separação como fato consumado. Ele também foi o autor de uma proclamação anônima que circulou na capital dez dias após o ocorrido nas margens do Ipiranga, em São Paulo: "O que hesitamos? O momento é chegado. Portugal nos insulta. A América nos convida. A Europa nos contempla. O príncipe nos defende, cidadãos! Levante-se o festivo clamor: viva o imperador constitucional do Brasil, o senhor d. Pedro I!"[11]

Proclamada a Independência, a facção de Gonçalves Ledo defendeu a convocação de uma Assembleia Constituinte, alçou d. Pedro ao posto máximo da maçonaria e passou a pressionar o monarca para que jurasse a Constituição a ser elaborada, o que em tudo contrariava o posicionamento de José Bonifácio. Usando o título de grão-mestre maçom e a prerrogativa de imperador, d. Pedro ordenou o encerramento das atividades da maçonaria e a prisão de Gonçalves Ledo, que conseguiu fugir para Buenos Aires, segundo se acredita, vestido de frade, em um navio sueco.

Depois da queda de José Bonifácio, Gonçalves Ledo pôde voltar ao Brasil e assumir a cadeira de deputado para a qual tinha sido eleito. Reconciliado com o imperador, recebeu o hábito da Ordem de Cristo, a Ordem do Cruzeiro, a Comenda da Ordem de Cristo e o título de conselheiro, o que o pôs em suspeição. Após a abdicação de d. Pedro, em 1831, ajudou na reinstalação do Grande Oriente do Brasil, mas não conseguiu se reeleger para a Câmara dos Deputados, em 1834. Decepcionado, insatisfeito e infeliz, Gonçalves Ledo retirou-se para a fazenda do Sumidouro, hoje município de Cachoeiras de Macacu. Ali faleceu de ataque apoplético, antes de completar 66 anos. Em 2022, o projeto de lei que tramitava no Congresso Nacional desde 2019 e pretendia incluir seu nome no Livro de Heróis e Heroínas da Pátria foi rejeitado. O parecer final concluiu que mesmo importante no processo de Independência, Ledo não foi relevante o suficiente para ser considerado "herói da pátria".

17. O líder republicano Joaquim Gonçalves Ledo em tela de Oscar Pereira da Silva, pintada no século XX.

6

OS ESTRANGEIROS

Quando d. João transferiu a corte portuguesa de Lisboa para o Rio de Janeiro e abriu os portos brasileiros às nações amigas, trouxe para o país todo o aparato governamental do império lusitano. Conforme se iniciava a década de 1820 e o Brasil se encaminhava para a Independência, havia no país centenas de estrangeiros. A maioria deles era de comerciantes ou viajantes naturalistas. Muitos haviam se tornado representantes diplomáticos, como Lars Westin, cônsul-geral da Suécia, e John Armitage, que trabalhava na representação britânica, e assistiram não apenas ao Sete de Setembro como ao desenrolar do Primeiro Reinado.

No mesmo período, servindo à França, estavam o coronel Jean-Baptiste Maler e Jacques-Marie Aymard, o conde de Gestas. Henry Chamberlain serviu como cônsul inglês, e Charles Stuart, como negociador britânico do tratado de reconhecimento da Independência brasileira por Portugal, em 1825. O barão de Mareschal servia como agente da Áustria, terra natal da princesa e, depois, imperatriz d. Leopoldina.

Com a Independência e o fato de que muitos militares no Brasil estavam ligados a Portugal por afinidade, nascimento ou laços de parentesco, foi necessário se valer de muitos mercenários para formar um exército e uma força naval capazes de se opor às forças lusitanas estacionadas no país, mo-

OS NOMES DA INDEPENDÊNCIA

tivo pelo qual d. Pedro I e José Bonifácio contrataram nomes como lorde Cochrane, que organizou a Marinha; o general Labatut, que comandou o Exército Pacificador; e Georg von Schaeffer, o responsável pela vinda dos primeiros colonos e soldados alemães para o país.

BARÃO DE MARESCHAL (1785-1851)
O diplomata

Nenhum outro diplomata estrangeiro deixou tantos registros sobre o Brasil e as principais personalidades da Independência quanto o barão de Mareschal (na verdade, a grafia correta em alemão é Marschall). A serviço do príncipe de Metternich, ele foi os olhos e ouvidos da Áustria na corte do Rio de Janeiro. Sua correspondência é uma das principais fontes de informações sobre o país dos anos de 1820.

Nascido em Luxemburgo, Wenzel Philipp Leopold Freiherr von Marschall estudou Engenharia em Viena, iniciando a carreira militar como alferes aos dezoito anos, no Segundo Regimento de Infantaria. Foi rapidamente promovido a tenente em 1805 e designado coronel do Estado-Maior Geral quatro anos mais tarde. Em 1810, já como capitão, deu início à carreira diplomática, servindo em São Petersburgo, na Rússia. Em 1813, quando a Prússia declarou guerra a Napoleão, Mareschal era major no Terceiro Regimento de Hussardos e foi designado como adido austríaco no quartel-general prussiano. Em Paris, serviria na equipe do duque de Wellington até 1819. No ano seguinte, no posto de tenente-coronel, foi enviado ao Brasil como oficial sênior e secretário da legação austríaca.

Manteve intensa correspondência com Viena, mantendo tanto Metternich quanto o imperador Francisco I, pai da imperatriz d. Leopoldina, informados sobre a política luso-brasileira, bem como sobre a vida privada de d. João VI, d. Pedro e da ex-arquiduquesa austríaca. Mareschal contava tudo aos austríacos, incluindo as fofocas, intrigas e relações amorosas do

OS ESTRANGEIROS

príncipe e, depois, imperador brasileiro. Depois de cinco anos no país, alcançou o posto de coronel e em 1826, depois do reconhecimento formal da Independência brasileira, tornou-se embaixador extraordinário e ministro plenipotenciário.

Por seus serviços no Brasil, o barão de Mareschal recebeu do imperador austríaco a importante condecoração Cruz de Cavaleiro da Ordem de Santo Estêvão. Em 1832, encerrando suas atividades na América, foi nomeado major-general e enviado a Parma, na Itália. Depois de seis anos na Europa, foi designado para atuar nos Estados Unidos, onde recebeu a patente de marechal de campo. Retornou ao Velho Mundo, servindo em Lisboa de 1841 a 1847, quando se retirou da vida pública. Mareschal faleceu em Marburg an der Drau (hoje Maribor, na Eslovênia), pouco depois de completar 66 anos.

JORGE DE AVILEZ (1785-1845)
O governador de Armas

O militar português ficou conhecido por ter comandado a Divisão Auxiliadora, o braço forte das Cortes portuguesas no Brasil, envolvendo-se nos distúrbios ocorridos no Rio de Janeiro em 1821 e 1822, às vésperas da Independência. No plano pessoal, para sua infelicidade – e de muitos de sua época –, teve a esposa incluída no rol de amantes de d. Pedro I. Jorge de Avilez Zuzarte de Sousa Tavares nasceu em Portalegre e aos doze anos entrou para o Colégio dos Nobres, em Lisboa, onde estudou artes até 1801, quando ingressou no Exército como cadete. Três anos depois, foi nomeado coronel do Regimento de Milícias do Crato.

Em 1807, organizou e passou a comandar o Regimento de Voluntários de Portalegre, criado para auxiliar na luta contra Napoleão. Pouco depois, o regimento foi transferido para o Exército como Batalhão de Caçadores nº 1, unidade em que atuou até 1812. Promovido a coronel e nomeado comandante do Regimento de Infantaria nº 2, parte da Brigada do Algar-

OS NOMES DA INDEPENDÊNCIA

ve, que atuava junto com o Exército britânico, participou da tomada de Badajoz. Foi quando passou a ter a companhia da esposa Joaquina Rosa de Lencastre e Barros Barba Alardo de Alarcão e Menezes. Casados em janeiro de 1812, Avilez e Joaquina teriam, de 1814 a 1819, quatro filhos.

Depois da derrocada de Napoleão, Avilez foi promovido a brigadeiro e, em 1817, enviado à Cisplatina (hoje Uruguai) como marechal de campo da Divisão de Voluntários do Príncipe, que, sob o comando do general Lécor, havia anexado o ex-território de domínio espanhol. No ano seguinte, foi nomeado governador de Montevidéu. Em abril de 1821, foi graduado tenente-general e nomeado governador de Armas da corte e do Rio de Janeiro. Sob seu comando, a chamada Divisão Auxiliadora, com aproximadamente 2 mil homens, foi encarregada de garantir o controle português diante da agitação política na colônia após o retorno de d. João VI a Lisboa.

Com ordens de Lisboa, o militar dirigiu um ultimato ao então príncipe d. Pedro para que ele acatasse as determinações das Cortes, jurasse a Constituição portuguesa e nomeasse uma junta governativa. A Constituição foi jurada em junho. Em outubro, depois que as Cortes ordenaram o fechamento das repartições governamentais no Rio e exigiram o retorno imediato de d. Pedro a Portugal, Avilez pressionou o herdeiro de d. João VI a deixar o Rio de Janeiro. D. Pedro, porém, decidiu permanecer, anunciando o "Fico" em janeiro de 1822.

Acuado por forças brasileiras na Praia Grande, em 9 de fevereiro de 1822 Avilez foi recebido por d. Pedro a bordo da fragata *União*. O príncipe teria dito ao tenente-general: "Se não partirem logo, faço-lhes fogo e o primeiro tiro quem o dispara sou eu!" Segundo o próprio d. Pedro, "mansos como cordeiros",[1] a divisão de Avilez começou a deixar o Brasil. A cena foi eternizada por Oscar Pereira da Silva na tela *O príncipe d. Pedro e Jorge Avilez a bordo da fragata* União, de 1922.

Em Lisboa, Avilez foi eleito deputado e nomeado pelas Cortes comandante em chefe do Exército. Tinha como missão impedir o golpe de d. Miguel, filho mais novo de d. João VI. Sem sucesso, acabou preso no castelo de São Jorge, sendo mais tarde transferido para a Torre de Belém. Solto em 1827, foi encarcerado novamente no ano seguinte. Depois de quatro anos na prisão, fugiu para a Espanha. Retornou a Portugal em 1834 e, reconciliado com d. Pedro I, foi nomeado governador militar da corte e da província de Estremadura. Recebeu o título de visconde de Reguengo e, mais tarde, o de conde de Avilez. Morreu em Lisboa, aos 59 anos. Sua esposa morreu mais de três décadas depois, em 1879, aos 89 anos.

18. Tela *O príncipe d. Pedro e Jorge de Avilez a bordo da fragata* União, de Oscar Pereira da Silva, pintada no centenário da Independência.

OS NOMES DA INDEPENDÊNCIA

LORDE COCHRANE (1775-1860)
O almirante

Veterano das Guerras Napoleônicas e considerado um herói por chilenos e peruanos, no Brasil lorde Cochrane é visto como um mercenário ávido por dinheiro e ouro; no Maranhão, especialmente, é considerado vilão. Descendente de nobres escoceses, Thomas Cochrane era o décimo conde de Dundonald, barão de Cochrane de Dundonald, de Paisley e de Ochiltree. Nascido em Annsfield, próximo a Hamilton, entrou para a Marinha Real em 1793, aos dezessete anos, como guarda-marinha a bordo do *Hind*, navio comandado por um tio.

Nos anos seguintes, atuou em diversas embarcações, sendo promovido várias vezes até chegar ao comando do *Speedy*, em 1798. Depois de treze meses, havia aprisionado cinquenta navios, 122 canhões e feito 534 prisioneiros. Já era capitão de mar e guerra quando voltou a estudar em Edimburgo para suprir a falta dos estudos iniciais, que não tivera na infância. Voltou à ativa em 1803, em guerra contra a França. Logo, porém, entrou para a política, elegendo-se para o Parlamento britânico pelo distrito de Honiton. O Parlamento foi dissolvido quatro anos depois e lorde Cochrane se envolveu em nova guerra contra Napoleão. No comando da fragata *Pallas*, capturou navios espanhóis carregados de ouro e prata vindos da América, o que lhe valeu uma comissão de 75 mil libras.

Em 1812, casou-se com Katherine Corbett Barnes, com quem teria um filho.

O sucesso como marinheiro não se repetiu na política. Em 1814, foi expulso do Parlamento e da Marinha devido às atividades especulativas na Bolsa de Valores de Londres. Quatro anos mais tarde, arruinado financeiramente e com inimigos poderosos no Almirantado, aceitou o convite de revolucionários chilenos para lutar pela independência da Espanha, sendo também convidado pelos espanhóis para atuar contra as insurreições sul-americanas.

OS ESTRANGEIROS

No Novo Mundo, lutando pela causa de Bernardo O'Higgins e José de San Martín, suas operações navais contribuíram para a independência do Chile e do Peru. Sua fama de comandante intrépido chegou ao Brasil, e José Bonifácio, ministro das Relações Exteriores de d. Pedro, por carta datada de 13 de novembro de 1822, convidou Cochrane para lutar também pela causa da Independência brasileira.

A bordo do brigue *Colonel Allen*, o escocês deixou Valparaíso, no Chile, em janeiro de 1823, e chegou ao Rio dois meses depois. Por decreto imperial de 21 de março, lorde Cochrane assumiu o comando da Marinha brasileira, recebendo o título de "primeiro almirante". Em abril, ele deixou o Rio de Janeiro liderando uma pequena esquadra mal-armada e mal tripulada. A frota brasileira era composta pela nau *D. Pedro I*, as fragatas *Ipiranga*, *Niterói* e *Paraguassu*, a corveta *Maria da Glória* e mais oito pequenas embarcações tripuladas com muitos portugueses e contando, ao todo, com pouco mais de 240 canhões.

Em junho de 1823, por pouco lorde Cochrane não capturou a nau capitânia portuguesa *D. João VI*, que cercava Salvador. Quando a frota lusitana deixou a Bahia, o almirante perseguiu os portugueses, capturando numerosos vasos de guerra. Depois, dirigiu-se ao Maranhão, cuja capital ainda resistia à ideia de se unir ao Rio de Janeiro e desligar-se de Portugal. Em 26 de julho, o almirante chegou a São Luís. Sob a mira dos canhões, dois dias depois, a cidade caiu em poder do escocês. Lorde Cochrane se apoderou de todo o dinheiro depositado no Tesouro público, na alfândega e nos quartéis, além de propriedades particulares e de mercadorias armazenadas a bordo das embarcações ancoradas no porto.

Enquanto saqueava a capital maranhense, enviou seu imediato John Grenfell para submeter Belém do Pará. Em novembro, de retorno ao Rio de Janeiro e com as regiões Nordeste e Norte integradas à causa de d. Pedro, o imperador concedeu-lhe o título de marquês do Maranhão. A honraria, porém, não veio acompanhada dos pagamentos prometidos, o que era comum no governo brasileiro. Somente em 1855 o parlamento nacional autorizou o pagamento dos 252 contos de réis devidos, além de uma pensão e o soldo de primeiro almirante.

Em 1824, ainda sem receber pelas 78 embarcações aprisionadas e os butins a que julgava ter direito, lorde Cochrane recusou-se a sufocar a Confederação do Equador sem garantias e o pagamento adiantado de 200 contos de réis. Em Recife, desentendeu-se com os militares do Exército e seguiu uma vez mais para o Maranhão, onde depôs Miguel Inácio dos Santos Freire e Bruce, o presidente da junta governativa, e nomeou Manuel da Silva Lobo em seu lugar, tendo, no entanto, exigido 106 contos de réis como pagamento.

19. O almirante lorde Cochrane, em litografia feita a partir de uma pintura de James Ramsay.

Quando Pedro José da Costa Barros, o novo presidente, chegou à província, lorde Cochrane o impediu de assumir o cargo e o despachou para o Pará. Quando finalmente recebeu o que lhe deviam, distribuiu o dinheiro entre os oficiais, entregou o comando da esquadra a David Jewett e partiu com a fragata *Ipiranga* para a Inglaterra, aonde chegou em junho de 1825. Em Portsmouth, entregou o navio ao ministro brasileiro, o visconde de Itabaiana. Considerado desertor no Brasil, sua pensão e seus privilégios foram cassados em dezembro, sendo formalmente demitido da Marinha brasileira em abril de 1827. Em 1846, o governo imperial reabriria o processo de lorde Cochrane e, nove anos depois, restituiu seus direitos.

Após a estada na América do Sul, de volta à Europa, o almirante não permaneceu muito tempo na Escócia, atuando na guerra da independência da Grécia de 1827 a 1828. Ao retornar à Inglaterra, recuperou seu título nobiliárquico em 1830, conseguindo reingressar na Marinha Real dois anos depois. Em 1847, recebeu o comando em chefe da frota da América do Norte e das Índias Ocidentais. Quando a Guerra da Crimeia teve início, em 1853, um idoso Cochrane chegou a ser cogitado para o comando da frota do Báltico, o que acabou não acontecendo. O primeiro almirante brasileiro faleceu aos 85 anos, em Londres, durante uma operação de extração de cálculos renais.

PIERRE LABATUT (1776-1849)
O general francês

Quando desembarcou no Rio de Janeiro, em meados de 1822, o general francês Pierre Labatut tinha 46 anos e experiência militar em dois continentes. Era exatamente o que o Brasil precisava para lutar contra as forças portuguesas estacionadas no país. Nascido em Cannes, no sul da França, Labatut não era nobre e fez carreira no Exército durante as Guerras Napoleônicas. Lutou na Guerra Peninsular e se indispôs com o imperador, que o enviou para a América do Sul, onde deveria auxiliar Simón Bolívar na luta pela independência das colônias espanholas.

No período de 1812 a 1813, atuou no vice-reino de Nova Granada, território que corresponderia aos atuais Panamá, Equador, Colômbia e Venezuela. Comandou os revolucionários de Cartagena, na Colômbia moderna, em Guáimaro e em Santa Marta, mas desentendeu-se com Bolívar. Preso, foi expulso pelo governo de Cartagena. Passou às Antilhas e, depois, a Caiena, na Guiana, de onde partiu para o Brasil.

OS NOMES DA INDEPENDÊNCIA

A convite de José Bonifácio, passou ao serviço brasileiro com o posto de brigadeiro em 3 de julho de 1822. Em menos de quinze dias, deixou o Rio de Janeiro com a pequena frota do comodoro Rodrigo de Lamare. A armada brasileira era composta por uma fragata, um brigue e duas corvetas. Labatut levava pouco mais de 270 homens, 34 oficiais, 5 mil espingardas, quinhentas pistolas, quinhentas clavinas, mil lanças, quinhentos sabres e seis canhões de campanha. O objetivo de Lamare era desembarcar o general mercenário no Recôncavo Baiano, entregar o armamento às forças brasileiras e bloquear a entrada da baía de Todos--os-Santos, evitando, assim, que o tenente-coronel português Madeira de Melo recebesse reforços de Lisboa.

Ao se aproximar de Salvador, porém, a frota brasileira foi interceptada por navios de guerra portugueses, e Lamare decidiu seguir para Maceió. Desembarcado em Alagoas, Labatut seguiu até Recife e, de lá, depois de reunir mais voluntários, marchou em direção à capital baiana, uma viagem de mais de oitocentos quilômetros e quase três meses.

Em 28 de outubro, recebeu do coronel Joaquim Pires de Carvalho e Albuquerque d'Ávila Pereira o comando do Exército Pacificador, reunido no Engenho Novo de Pirajá, no subúrbio de Salvador. Labatut entregou um ultimato ao governador de Armas da província, convidando Madeira de Melo a deixar a Bahia: "Um tiro de vossa tropa contra qualquer brasileiro será o sinal de nossa eterna divisão." Ignorado pelo militar português, Labatut sentenciou que "o canhão e a baioneta vão decidir a sorte dos tiranos do Brasil".[2]

Em 8 de novembro de 1822, Labatut venceu os portugueses na Batalha de Pirajá, travada na região de Cabrito, Campinas e Pirajá, quando a força lusitana tentava furar o cerco. Segundo relatos, a batalha estaria perdida para os brasileiros, mas o corneteiro Luís Lopes, que havia recebido ordens do comandante Barros Falcão de tocar retirada, fez o contrário: deu sinal

100

de avançar, forçando o prolongamento do combate, que acabaria com a vitória brasileira. Em 7 de janeiro do ano seguinte, nova vitória, dessa vez em Itaparica.

20. O general Labatut, em pintura de Oscar Pereira da Silva, de 1925.

Apesar das vitórias, Labatut não era bem-visto pelas forças nacionais. Além de não falar português, o general se considerava autoridade máxima na Bahia, desconsiderando o governo interino, estabelecido em Cachoeira, e insistiu em alistar escravizados dos engenhos, para horror da aristocracia escravagista rural. Depois de ordenar a prisão do coronel Felisberto Gomes Caldeira, por insubordinação, e do tenente-coronel Joaquim Pires de Carvalho, deu ordens para que o coronel José Joaquim de Lima e Silva atacasse a Terceira Brigada, que havia se sublevado contra a prisão de seu comandante. Foi a gota d'água. Em maio de 1823, Labatut foi destituído do comando e preso pelos oficiais das brigadas.

Ele também seria acusado de fuzilar quilombolas, destratar senhores de engenho e de se apropriar do tesouro em prata do Engenho Passagem. A glória de entrar em Salvador à frente das tropas brasileiras coube a seu substituto, o coronel Lima e Silva. O francês, porém, continuaria a serviço do Império Brasileiro, atuando no combate às revoltas regenciais, no Ceará, e à Revolução Farroupilha, no Rio Grande do Sul. Promovido a marechal, ele deixou o serviço ativo em 1842. Faleceu em Salvador, aos 73 anos.

GEORG VON SCHAEFFER (1779-1836)
O agente da imigração

Georg Anton von Schaeffer foi o principal responsável pela vinda das primeiras levas de imigrantes alemães para o país, colonos e soldados, em um projeto organizado por José Bonifácio e patrocinado pelo governo em larga escala. Nascido na Baviera, Schaeffer estudou Farmacologia em Würzburg e concluiu o doutorado em Medicina em Göttingen, na Alemanha. Esteve na Turquia e morou quatro anos na Rússia, onde prestou serviços ao tsar Alexandre I, que lhe concedeu o título de barão e o direito de usar o "von", preposição indicativa de nobreza.[3]

OS ESTRANGEIROS

Em 1813, partiu em viagem exploratória ao redor do mundo. Esteve no Alasca, na China e no Havaí, chegando ao Brasil em 1818. Conhecedor da paixão de d. Leopoldina pela botânica, presenteou a princesa com sementes exóticas da Ásia, o que lhe rendeu a amizade da futura imperatriz brasileira. Ligado à maçonaria, Schaeffer era articulado, inteligente, poliglota e adepto de ideias liberais. Rapidamente entendeu-se com o influente José Bonifácio. Juntos, não só projetaram a organização de colônias rural-militares no Brasil como imaginaram a criação de uma nova capital para o país, o que Bonifácio proporia na Constituinte de 1823. Schaeffer deu até as coordenadas, local exato onde quase um século e meio mais tarde a cidade de Brasília seria construída.

Em 1821, Schaeffer recebeu terras nas proximidades do rio Peruípe, em Viçosa, no sul da Bahia. Com algumas famílias alemãs, fundou a colônia de Frankental e tentou plantar café sem a utilização da mão de obra escravizada. Por pouco tempo, no ano seguinte, em agosto, antes mesmo da Independência, ele recebeu de José Bonifácio a missão de encontrar interessados em vir para o Brasil. O objetivo era criar colônias que desenvolvessem o sistema de minifúndio e o artesanato, além de servir de fonte de abastecimento de homens para o Exército, o que era necessário, em vista das Guerras da Independência.

Na Europa, Schaeffer se aproveitou de uma rede de agentes de emigração já existente desde o século XVIII. A partir de 1823, navios com imigrantes começaram a deixar portos europeus com destino ao Rio de Janeiro. Da capital brasileira, as primeiras levas de colonos foram enviadas para Nova Friburgo e, mais tarde, para São Leopoldo, no Rio Grande do Sul. Os solteiros, trazidos como soldados mercenários, permaneciam no Rio de Janeiro, onde assentavam praça em um dos quatro batalhões compostos por estrangeiros no Exército imperial.

O projeto, financiado pelo Estado, seguiria até 1830, quando uma lei imperial proibiu os gastos com a imigração. Mas Schaeffer se viu em apuros bem antes disso. Com a saída de José Bonifácio do governo (e a morte de

103

OS NOMES DA INDEPENDÊNCIA

d. Leopoldina, em 1826), o alemão perdeu seus principais aliados. Já não havia direção nem organização em meio à conturbada política brasileira do Primeiro Reinado. Eram tantas as ordens e contraordens, que d. Pedro I chegou a lhe enviar uma carta nos seguintes termos: "Eu lhe ordeno que em lugar de colonos casados mande mais 3 mil solteiros para soldados. O ministro dos Negócios Estrangeiros lhe mandou dizer que não mandasse mais, mas eu quero que os mande."[4]

Enviado à Europa antes que os principais países europeus reconhecessem a Independência e agindo em segredo, como determinavam as ordens de José Bonifácio, teve enormes dificuldades em cumprir os planos brasileiros, inclusive de se defender dos ataques que lhe eram dirigidos, principalmente de oficiais desiludidos com as promessas feitas na Alemanha e não cumpridas no Brasil relativas a soldos e postos. Foram eles os responsáveis por criar a imagem de que Schaeffer não passava de um aventureiro interesseiro, um bêbado contumaz dado a orgias.

Considerado um agitador pelos europeus que tentavam frear as ideias liberais, foi processado pelo "tráfico de escravizados" e a "venda de almas". Perseguido e sem apoio governamental, Schaeffer encerrou sua atuação na Europa e retornou ao Brasil. Permaneceu pouco tempo em Frankental, voltando à Alemanha em 1829, de onde solicitou ao imperador, por carta, que não o abandonasse aos inimigos que havia feito em defesa do Império. Afastado do círculo do poder, Schaeffer faleceu alguns anos depois, aos 57 anos, provavelmente na Bahia, onde foi aberto seu inventário.

7

HEROÍNAS DA PÁTRIA

Proclamada em São Paulo e orquestrada no Rio de Janeiro, a Independência não era unanimidade nas demais províncias brasileiras. Maranhão e Piauí, por exemplo, mantinham-se fiéis a Portugal. O mesmo ocorria com as forças lusitanas na Cisplatina e na Bahia. Teve início, assim, a guerrilha, opondo o Exército português, composto por soldados profissionais, às tropas brasileiras, integradas por idealistas, milícias rurais, jovens, mulheres, padres, africanos escravizados e indígenas.

Na Bahia, principal foco da resistência portuguesa, surgiram diversos batalhões de voluntários – a maioria com armamento precário, não mais do que foices e facões –, entre eles, o de escravos libertos, o de indígenas tapuias, liderados por Bartolomeu Jacaré, e o de vaqueiros, os Encourados do Pedrão, comandados pelo frei José Maria Brayner. Eram assim chamados porque, sertanejos da região do Pedrão, os quarenta homens do grupo vestiam chapéu, calça e gibão de couro.

Mais bem organizado estava o Batalhão de Voluntários do Príncipe, os "Periquitos". Nesse batalhão, lutou Maria Quitéria. A presença de mulheres nas lutas pela Independência, porém, não chegou a ser significativa, seja pela pouca participação militar, seja pela ausência de registros históricos.

Na sociedade patriarcal dos séculos XVIII e XIX, o feminino exercia papel secundário, associado a dois pilares: o de esposa e o de mãe. Algumas dessas mulheres, no entanto, deixaram seus nomes gravados na memória dos movimentos políticos brasileiros pró-Independência e até mesmo pró-república.

BÁRBARA DE ALENCAR (1760-1832)
A republicana do Crato

A matriarca dos Alencar consta no Livro dos Heróis e Heroínas da Pátria, mas suas ações na política e seu papel nas Guerras da Independência só ganharam destaque quase dois séculos depois, quando ela passou a ser considerada a primeira presa política do Brasil. Bárbara Pereira de Alencar nasceu na fazenda Caiçara, em Exu, Pernambuco, em uma rica e poderosa família. Como filha de um latifundiário proprietário de muitos escravizados, ela teve a oportunidade de estudar no Crato, no Ceará, onde vivia sua madrinha e um ramo letrado da família que havia estudado em Portugal.

Mesmo tendo uma boa base educacional e gênio forte, seguiu o caminho imposto às mulheres da época e, em 1782, casou-se com o comerciante de tecidos José Gonçalves dos Santos, conhecido na região como "surubim-pintado". Depois de quase três décadas de matrimônio e cinco filhos, porém, Bárbara ficou viúva.

Aos 49 anos, ela assumiu os negócios da família e passou a administrar propriedades rurais, engenhos e uma fábrica de utensílios de cobre. O almirante Rufino de Alencar, seu contemporâneo, a descreveu como alguém com harmonia nos traços, boca ampla, lábios firmes, porte alto e forte, passada larga e decidida. Um escritor moderno a definiu como uma mulher "sanguínea e nervosa",[1] mas austera e escrupulosa.

HEROÍNAS DA PÁTRIA

A condição financeira de sua família era notória. Sua casa, ao lado da Igreja Matriz do Crato, foi a primeira construção em pedra e cal da cidade. A casa rural, por sua vez, ficava em uma fazenda no Sítio Pau Seco, hoje município de Juazeiro do Norte. Tal situação permitiu que os filhos recebessem boa educação: Tristão de Alencar estudou Direito em Olinda e em São Paulo; José Carlos e José Martiniano foram enviados para estudar no seminário em Olinda.

Conhecida como dona Bárbara do Crato e tida como o "macho da família", ela não perdeu o interesse pelos estudos e pela ciência. Mantendo relação próxima com o padre e naturalista Manuel de Arruda Câmara, ligado à maçonaria e às ideias liberais (e um dos mentores dos líderes da Revolução de 1817), com quem adquiriu conhecimentos de botânica, Bárbara transformou sua casa num ponto de encontro de intelectuais e de ouvintes curiosos, interessados no que ocorria fora do Brasil. Na calçada de casa, costumava ler clássicos da literatura universal para a população pobre da região. Foi assim que as ideias iluministas e de república chegaram à região do Cariri e envolveram todo o núcleo familiar de Bárbara.

Pelo menos três de seus cinco filhos participaram ativamente da revolta de 1817. Além de Tristão Gonçalves, depois conhecido como Tristão Araripe e ativo na Confederação do Equador, estavam envolvidos ainda os dois padres, José Carlos dos Santos e José Martiniano de Alencar.

Martiniano, o caçula, viria a ser pai do romancista José de Alencar, maçom e senador durante o Segundo Reinado. O autor de *Iracema*, *Senhora* e *O guarani* nunca fez qualquer referência à avó. Foi José Martiniano, que morava em Recife, quem levou até a mãe a ideia de república no Ceará, em abril de 1817. Foi ele quem proclamou, em 3 de maio de 1817, a República do Crato, uma extensão da Revolução Pernambucana, sendo seu primeiro e único presidente.

A república no Ceará teve vida efêmera – de 3 a 11 de maio de 1817, apenas oito dias, curta e de pouco impacto. As ações se restringiram às vilas do Crato e Jardim. Tropas enviadas pela coroa portuguesa logo sufocaram o movimento, matando trezentos rebeldes e aprisionando seus líderes, entre eles os filhos de Bárbara. A matriarca dos Alencar conseguiu fugir, mas acabou presa no sítio Lambedor, às margens do rio Salamanca, em Barbalha, em junho. Junto dela estava o padre Miguel Carlos Saldanha, acusado de ser seu amante. Para alguns, o sacerdote seria o verdadeiro pai de José Martiniano, o que parece pouco provável, já que ele nasceu em 1794 e o padre só chegou à região do Crato em 1800.

Identificada como liberal, agitadora e conspiradora, Bárbara foi levada à cadeia do Crato. Depois, presa ao lombo de um cavalo e usando apenas saia e camisa, foi transferida para Fortaleza com o pequeno grupo de 25 rebeldes capturados. Da capital cearense, os prisioneiros foram enviados para Recife. Julgados e condenados em setembro de 1818, onze foram executados em praça pública, e o restante, enviado para cumprir pena de prisão em Salvador. Em novembro de 1821, depois de ter passado os últimos anos em um estreito calabouço convivendo com pulgas e piolhos, e sendo alimentada com tripa cozida, intestinos de boi e farinha, Bárbara recebeu a anistia do governo português. A família, porém, não permaneceu longe da atividade revolucionária.

Em 1823, com apoio do general José Filgueiras Pereira, Tristão Gonçalves passou a liderar as tropas brasileiras em luta pela liberdade do país. No ano seguinte, porém, a dissolução da Constituinte e a outorga de uma Constituição por d. Pedro I fizeram com que a influente família Alencar voltasse a comandar uma revolta republicana. Tristão foi aclamado presidente do Ceará e o estado se uniu à Confederação do Equador.

Em setembro de 1824, com a rendição de Recife, os cearenses continuaram a lutar sozinhos até a chegada de lorde Cochrane, em outubro. No fim do mês, Tristão foi morto no sítio Santa Rosa, e seu corpo, mutilado, tendo a mão direita e uma orelha decepadas. O irmão, José Carlos, também foi morto nos combates, e Filgueiras, o comandante militar, caiu prisioneiro.

Desbaratado o movimento e tendo perdido dois filhos, Bárbara se mudou para uma fazenda no interior do Piauí. Lá recebeu ajuda e proteção contra as ações do militar monarquista Joaquim Pinto Madeira, líder de uma sedição no Cariri após a abdicação de d. Pedro I. O coronel Madeira fora o responsável pelas prisões e humilhações da família Alencar, em 1817.

Em agosto de 1832, enquanto fazia a viagem de volta ao Crato, Bárbara faleceu em Fronteiras, no Piauí, aos 72 anos. Foi sepultada na localidade vizinha, em Itaguá, hoje distrito de Campos Sales, a cerca de 490 quilômetros de Fortaleza, no Ceará.

JOANA ANGÉLICA (1761-1822)
A religiosa

Considerada a primeira heroína da Independência, Joana Angélica de Jesus nasceu em Salvador no seio de uma família abastada. Aos vinte anos, a vocação religiosa a levou ao convento da Lapa, construído no centro soteropolitano no começo do século XVIII. Depois de um período preparatório, ela realizou a profissão de fé em maio de 1783, tornando-se irmã das Religiosas Reformadas de Nossa Senhora da Conceição.

Nas décadas seguintes, Joana Angélica passou a desempenhar diversas funções dentro da instituição. Exemplo de caridade e dedicação, foi escrivã, mestra de noviças, vigária e, por fim, abadessa, cargo de autoridade máxima no convento. Foi nessa posição que a religiosa estava quando teve início a Guerra da Independência na Bahia. Joana Angélica ocupara o cargo entre 1814 e 1817, retomando a direção em 1820.

Em 19 de fevereiro de 1822, soldados portugueses liderados pelo governador de Armas da Bahia nomeado pelas Cortes, o tenente-coronel Madeira de Melo, invadiram o forte de São Pedro e os quartéis da Palma e da Mouraria, onde estavam alojadas tropas brasileiras. O objetivo era apreender armas, soldados e oficiais identificados com o governo no Rio de Janeiro. O tenente-coronel Manuel Pedro de Freitas Guimarães, comandante brasileiro que ocupava o cargo de governador de Armas de forma interina, foi preso.

21. Joana Angélica, em quadro pintado pelo italiano Domenico Failutti.

Em meio aos combates, na manhã seguinte, os portugueses invadiram o convento da Lapa, localizado próximo ao quartel da Mouraria, acreditando que as religiosas escondiam soldados brasileiros. Postada à porta do recolhimento, vedado aos homens, a abadessa tentou impedir a entrada dos portugueses e teria dito: "Para trás, bandidos! Respeitai a casa de Deus! Antes de conseguirdes os vossos infames desígnios, passareis por sobre o meu cadáver."[2] Não há, no entanto, evidências documentais de que tenha proferido essas palavras, que constam em muitos livros de história. O que é certo é que, atacada pelos soldados lusitanos, Joana Angélica foi ferida mortalmente com golpes de baioneta. O padre Daniel da Silva Lisboa, capelão do convento, também foi golpeado, mas sobreviveu.

A religiosa não resistiu aos ferimentos, vindo a falecer pouco depois das onze horas da manhã. Segundo o próprio registro do convento, morreu sem os sacramentos, aos "60 anos, 2 meses e 9 dias de idade". Apesar da vitória inicial dos portugueses, a luta pela Independência estava apenas começando. Dezessete meses mais tarde, Madeira de Melo se retirou para Portugal, deixando a cidade de Salvador em mãos brasileiras.

Um processo de beatificação movido pelo convento da Lapa teve início em 2001, mas não obteve sucesso. Em 2011, um projeto de lei sugeriu a inscrição de seu nome no Livro dos Heróis e Heroínas da Pátria. O Senado aprovou o projeto dois anos depois, mas somente em 2018 a sóror baiana recebeu a homenagem e entrou no Livro de Aço, guardado no Panteão da Pátria e da Liberdade Tancredo Neves, em Brasília.

MARIA QUITÉRIA (1792-1853)
A mulher-soldado

Maria Quitéria de Jesus foi a primeira mulher a servir oficialmente no Exército brasileiro, ainda que sem seguir os procedimentos normais de alistamento. Nascida no sítio do Licurizeiro, arraial de São José das Itapororocas, no sertão da Bahia, foi batizada em 1798 (provavelmente tendo nascido seis anos antes) como filha de Gonçalo de Almeida e de sua segunda esposa, Quitéria Maria de Jesus. Criador de gado e produtor de algodão, o pai de Maria Quitéria ficou viúvo não muito tempo depois, mudando-se com a família para uma fazenda na serra da Agulha, a oitenta quilômetros de Cachoeira. Ali, longe da etiqueta social da cidade, para desgosto da madrasta, a filha de Gonçalo teve oportunidade de se tornar exímia caçadora e amazona, hábil no manejo de armas de fogo.

22. Maria Quitéria de Jesus Medeiros em quadro pintado em 1920 pelo italiano Domenico Failutti.

Quando a notícia da Independência chegou à Bahia e um emissário das tropas brasileiras bateu à porta da casa do pai, cujos filhos homens eram todos menores, Maria Quitéria não teve dúvidas: apesar da negativa de Gonçalo em permitir que fosse para o campo de batalha, a filha se dirigiu à casa de sua irmã Teresa, conseguiu emprestado o uniforme do cunhado José Cordeiro de Medeiros e alistou-se travestida de "soldado Medeiros" no Batalhão dos Voluntários do Príncipe, o "Batalhão dos Periquitos".

Depois de duas semanas, seu disfarce foi descoberto, mas, apesar dos apelos do pai, Maria Quitéria foi engajada ao batalhão. O major José Antônio da Silva Castro poucas vezes vira alguém com tamanha destreza com armas de fogo. Para evitar confusão e maiores problemas, porém, o Conselho Interino, além de uma espada, forneceu-lhe também dois saiotes escoceses – o figurino *highlander* foi escolha própria.

A habilidade com as armas fez com que Maria Quitéria se destacasse nos combates do cerco do Pirajá, Pituba, Itapuã e na defesa da ilha da Maré. Em Pituba, atacou uma trincheira inimiga e capturou sozinha soldados portugueses. Na barra do Paraguaçu, junto com outras mulheres, atacou uma barca lusitana e impediu o desembarque das tropas inimigas. O general Labatut conferiu-lhe honras de primeiro-cadete e, quando o Exército Pacificador entrou em Salvador, no dia 2 de julho de 1823, Maria Quitéria foi coroada com uma grinalda confeccionada no convento da Lapa e enviada ao Rio de Janeiro.

Em 20 de agosto, recebeu do imperador, em uma sessão no Paço Imperial, a insígnia de cavaleiro da Imperial Ordem do Cruzeiro. "Concedo-vos a permissão de usar esta insígnia como um distintivo, que assinale os serviços militares, que com denodo raro entre os mais de vosso sexo, prestastes à causa da Independência do Império",[3] disse d. Pedro I. Além da honraria, Maria Quitéria recebeu a patente e o soldo vitalício de um alferes, o que corresponderia hoje ao posto de segundo-tenente.

Além da bravura em combate, pouco se sabe sobre ela. Para sua contemporânea, a britânica Maria Graham, a mulher-soldado da Independência era "iletrada, mas inteligente". "Com educação, poderia ser uma pessoa notável", observou. Sobre a compleição da baiana, a cronista estrangeira notou que ela não tinha aparência masculina, mas modos "delicados e alegres", "nada de rude ou vulgar". "Não há nada de muito peculiar em suas maneiras à mesa, exceto que ela come farinha com ovos no almoço e peixe no jantar, e fuma charutos após cada refeição, mas é muito sóbria."[4]

Apesar das honrarias e de sua importância na história, Maria Quitéria, no entanto, terminou o restante de seus dias longe da corte ou dos poderosos. Casou-se com Gabriel Pereira de Brito, um antigo pretendente. Teve uma filha e ficou viúva em 1835, quando se mudou para Feira de Santana, onde faleceu aos 61 anos, cega, pobre e esquecida.

Um século mais tarde, o ministro da Guerra do governo Getúlio Vargas, Ciro do Espírito Santo Cardoso, determinou que as repartições militares do país deveriam ostentar a imagem da heroína. Em 1996, por decreto presidencial, Maria Quitéria foi reconhecida como Patrona do Quadro Complementar de Oficiais do Exército Brasileiro. Em 2018, ganhou um lugar no Livro dos Heróis e Heroínas da Pátria.

MARIA FELIPA (SÉCULO XIX)
A heroína negra

A história de vida de Maria Felipa de Oliveira é uma incógnita. A documentação a seu respeito é extremamente precária. O grosso das informações a seu respeito tem raízes na tradição popular e foi consolidado na literatura do século XX por meio de livros como *A ilha de Itaparica*, de 1928, do historiador e escritor baiano Ubaldo Osório Pimentel, avô de outro célebre escritor brasileiro, João Ubaldo Ribeiro. Sua origem e classe social, porém, podem muito bem explicar a ausência de seu nome nos registros.

Descrita como uma mulher negra alta e audaz, líder comunitária, pescadora, marisqueira e capoeirista, Maria Felipa seria filha de escravizados sudaneses e teria nascido na rua das Gameleiras, em Itaparica. Ainda segundo a narrativa popular, ela viveu por um tempo na Beribeira e, por fim, em um casarão conhecido como "Convento", na ponta das Baleias, onde alugava um quarto. Era sempre vista trajada de saia rodada, bata, turbante, torso e chinelas.

Quando teve início a Guerra da Independência, acredita-se que Maria Felipa atuou primeiro como "vedeta", uma espiã, informando as tropas brasileiras sobre as posições dos navios portugueses. Depois, na liderança de um grupo de cerca de quarenta mulheres, das quais poucos nomes são conhecidos – salvo os de Brígida do Vale, Joana Soaleira e Marcolina –, defendendo a ilha natal.

O local era de suma importância para a causa brasileira. Por ali passavam mantimentos e armamentos. O rio Paraguaçu, principal via de deslocamento até o Recôncavo, permitia o acesso direto às vilas que formavam a base da resistência contra as forças lusitanas. Era por aquela via fluvial que o grupo de Maria Felipa, armado com peixeiras, não apenas transportava víveres para os rebeldes, como também mantinha os portugueses afastados da região.

Além de vigiar a entrada da baía de Todos-os-Santos e construir trincheiras, em janeiro de 1823 seu grupo teria seduzido soldados portugueses que se preparavam para invadir Salvador. Depois de aplicarem uma surra de cansanção nos invasores (a cansanção é uma planta de efeito urticante e causadora de bolhas na pele, semelhante à urtiga), as mulheres guerreiras de Maria Felipa teriam posto fogo em inúmeras embarcações lusas – 42, segundo alguns relatos.[5] As ações do grupo foram decisivas para a derrota e a expulsão das forças portuguesas da Bahia, mas tanto Maria Felipa como suas companheiras foram esquecidas pela história, tendo apenas recentemente sido objeto de estudo por parte de historiadores.

Falecida mais de cinquenta anos após derrotar os soldados lusitanos do tenente-coronel Madeira de Melo, Maria Felipa só ganhou destaque nacional em 2011, quando um projeto de lei sugeriu seu nome para o Livro de Aço. A proposta foi aprovada pelo Senado quatro anos depois, mas a inclusão só foi realizada em 2018, junto com o nome de outras duas baianas, Maria Quitéria e Joana Angélica.

8

OS MAÇONS

Não obstante várias sociedades secretas atuassem no Brasil desde meados do século XVIII, como a Associação Literária dos Seletos (1752), a Academia dos Renascidos (1759), a Academia Científica (1772) e o Areópago de Itambé (1796), não havia lojas maçônicas regulares no país. A primeira foi a Reunião, instalada no Rio de Janeiro em 1801 e ligada ao Grande Oriente da França.

Nos anos seguintes, com o retorno de muitos estudantes que concluíram os estudos na Europa pós-Revolução Francesa, novas lojas surgiram em Recife e Salvador. Mas, ao contrário do senso comum, não havia unanimidade na maçonaria. Havia maçons republicanos (em sua maioria no Nordeste) e monarquistas constitucionais (notadamente no Rio de Janeiro). Pelo menos oficialmente, porém, as atividades foram proibidas após a Revolução Pernambucana, em 1817.

Em 24 de junho de 1821, a loja Comércio e Artes, criada no Rio de Janeiro em 15 de novembro de 1815, foi reinstalada. Na época, a atividade maçônica no país era intensa. Somente na corte havia quase uma centena de membros, divididos entre a Comércio e Artes, a União e Tranquilidade e a Esperança de Niterói. Quase sem exceção, os homens com influência no processo de Independência estavam todos ligados à maçonaria.

Em 17 de junho de 1822, por iniciativa de João Mendes Viana, venerável mestre da Comércio e Artes, as três lojas fluminenses formaram o Grande Oriente do Brasil. A data marcou o rompimento das lojas com o Grande Oriente Lusitano, mas não significou a união completa da maçonaria brasileira, já que havia dois grupos políticos bem-definidos atuando em suas fileiras: os defensores da monarquia, liderados por José Bonifácio, da loja Esperança de Niterói; e os que atuavam em causa da república, agrupados em torno de Gonçalves Ledo, da Comércio e Artes. Ledo imaginava a maçonaria como "centro da propaganda liberal"[1] e republicana, enquanto José Bonifácio acreditava que a monarquia constitucional era a única forma de salvar o Brasil do caos. A tentativa de Bonifácio de controlar a maçonaria resultou na criação do Apostolado da Nobre Ordem dos Cavaleiros de Santa Cruz.

O único ponto de convergência dos grupos maçônicos era a ideia de separação de Portugal e, para isso, os maçons brasileiros se uniram em torno de d. Pedro, iniciado na maçonaria com o nome de "Guatimozin", o último imperador asteca, e elevado ao grau de grão-mestre em agosto de 1822. Foi em nome de uma causa comum que os maçons se uniram em torno do Dia do Fico, do Sete de Setembro e da Aclamação do Imperador, em outubro.

Uma semana mais tarde, d. Pedro mandou fechar e investigar as lojas maçônicas. Quatro dias depois, ordenou a reabertura, mas o Grande Oriente, fechado em 25 de outubro de 1822, só seria reinstalado em 1831, após a abdicação do imperador.

HIPÓLITO JOSÉ DA COSTA (1774-1823)
O jornalista

Patrono da imprensa nacional, fundador do *Correio Braziliense,* liberal defensor do modelo constitucional (autor de um projeto de Constituição para o Brasil), antiabsolutista, antiescravagista, ligado à maçonaria e à

OS MAÇONS

ideia de um império luso-brasileiro, Hipólito José da Costa Pereira Furtado de Mendonça nasceu em Colônia do Sacramento, hoje no Uruguai, em meio às disputas territoriais entre Espanha e Portugal. Filho de um alferes fluminense, Hipólito deixou a região quando os portugueses entregaram a cidade aos espanhóis, em 1777. De Pelotas, a família passou a Porto Alegre, no Rio Grande do Sul, onde o jovem viveu até os dezenove anos, quando se matriculou na Universidade de Coimbra para estudar Matemática, Filosofia, Direito e Leis. Formado, em 1798 Hipólito foi enviado pelo governo português em missão científica e econômica para os Estados Unidos. O objetivo era obter informações e conhecimento sobre culturas e técnicas agrícolas, além de instrumentos e técnicas de manufatura. Da viagem resultaram publicações sobre a produção do açúcar e a "descrição de uma máquina para tocar a bomba a bordo dos navios sem o trabalho de homens".[2] Viajou por quase todos os Estados Unidos e pelo México, participando de círculos intelectuais e diplomáticos, observando e anotando hábitos e costumes, além de condições sociais, econômicas e militares da ex-colônia inglesa. Tais informações depois seriam transmitidas, principalmente, a d. Rodrigo de Souza Coutinho, secretário dos Negócios do Ultramar e seu patrocinador. Na Filadélfia, foi iniciado na maçonaria.

De volta à Europa, passou a integrar o grupo de brasileiros que trabalhava na tipografia do Arco do Cego e, mais tarde, na junta que gerenciava a Imprensa Régia. Enviado a Londres a fim de adquirir livros e maquinário para imprensa, estava ativamente envolvido com a maçonaria inglesa quando foi denunciado à Inquisição. Preso ao retornar a Portugal, conseguiu fugir em 1805, voltando a Londres. Na capital inglesa, viveu sob a proteção do duque de Sussex, filho do rei Jorge III e grão-mestre maçom.

Em 1808, fundou o *Correio Braziliense,* que tinha como finalidade informar brasileiros e portugueses sobre o que acontecia no Velho Mundo. Em verdade, pouco havia de notícias. Embora trouxesse informações sobre ciências, artes, literatura e política (incluindo documentos oficiais), o periódico difundia ideias liberais e antiabsolutistas, o que fez com que Hipólito fosse perseguido e o jornal sofresse represálias. A situação foi contornada com suborno: a coroa portuguesa pagou para que o brasileiro fosse brando em algumas críticas ao governo e evitasse falar de maçonaria, religião e política constitucional.

Durante muito tempo, o *Correio Braziliense* teve como concorrente apenas a *Gazeta do Rio de Janeiro*, jornal oficial da corte nos trópicos que circulou de 1808 a 1821. Nesse meio-tempo, em 1817, Hipólito se casou com Mary Ann Troughton, com quem teria três filhos. Antes, porém, despachara para o Brasil o filho que tivera com Mary Anne Lyons (ou Symons).

Hipólito José da Costa não era republicano e, durante muito tempo, foi defensor da união entre Brasil e Portugal, aderindo tardiamente à ideia de independência. Contudo, embora ligado à maçonaria, não apoiou a Revolução Pernambucana. Sobre a ideia de república, escreveu nas páginas do *Correio Braziliense* que "será moda falar dos reis com menos respeito, mas essa moda tem custado caro a muitas nações".[3]

Defensor do modelo constitucional – não importando se presidencial ou monárquico –, defendia a liberdade de imprensa e uma economia nos moldes ingleses; era entusiasta da colonização europeia no Brasil e da mão de obra imigrante em substituição à escravidão. Foi o primeiro a defender abertamente a ideia de uma capital no interior no país, em artigos de 1813 e 1818. Em setembro de 1822, ainda sem saber sobre o Sete de Setembro, escreveu um "projeto de Constituição política do Brasil". Além do Poder Executivo, o rei teria participação no Legislativo, o que estava de acordo com as teorias de Benjamin Constant e que seria aplicada na Constituição brasileira (1824) com o nome de Poder Moderador.

23. Hipólito José da Costa, destacado maçom e fundador do *Correio Braziliense*, primeiro jornal brasileiro.

Hipólito faleceu em Londres, aos 49 anos, um ano após a Independência. Foi sepultado na igreja de Santa Maria, a Virgem, na paróquia de Hurley, em Berkshire, exaltado pelo duque de Sussex como um amante da liberdade constitucional alicerçada na "obediência às leis sãs e aos princípios de benevolência mútua e vontade do bem".[4] Em 2001, seus restos mortais foram transladados para o Brasil e depositados no Museu da Imprensa Nacional, em Brasília. O 1º de junho, data da primeira edição do *Correio Braziliense*, é celebrado desde 2000 como Dia da Imprensa Nacional. Em 2010, o nome de Hipólito José da Costa foi inscrito no Livro dos Heróis e Heroínas da Pátria.

JOÃO MENDES VIANA (SÉCULO XIX)
Irmão Graco

Pouco se sabe sobre a biografia do capitão de engenheiros João Mendes Viana. Seu nome consta entre os inscritos nos cursos de Filosofia e Matemática da Universidade de Coimbra, em 1802 e 1803, como sendo natural do Rio de Janeiro, mas, por diversas vezes, ele é mencionado como pernambucano e até mesmo português. O que se sabe é que esteve ligado a atividades maçônicas no Rio de Janeiro durante o período joanino.

Venerável mestre da loja Comércio e Artes, foi o responsável pela convocação do povo maçônico do Rio de Janeiro, em junho de 1822, para a criação do Grande Oriente do Brasil. Eleito segundo vigilante, Viana, ou Irmão Graco, seu nome simbólico (ou "histórico"), tomou posse na manhã do 24 de junho de 1822 no edifício do Porto do Meyer, na Praia Grande. Além dele, faziam parte da direção do Grande Oriente Gonçalves Ledo (Irmão Diderot), frei Januário (Kant), capitão Manoel José de Oliveira (Bolívar), Francisco das Chagas Ribeiro (Adamastor) e o coronel Luiz Ferreira da Nóbrega de Souza Coutinho (Turenne).

OS NOMES DA INDEPENDÊNCIA

Após o Sete de Setembro, Mendes Viana propôs que o título de Defensor Perpétuo do Brasil, concedido a d. Pedro por indicação da loja Comércio e Artes, em maio de 1822, fosse hereditário. O entusiasmo e a boa relação com o imperador, porém, foram breves. Ligado ao grupo de Gonçalves Ledo, dirigiu-se a Pernambuco, foco da maçonaria republicana, que contava com líderes como frei Caneca e Cipriano Barata, de quem era amigo. Seu objetivo era atuar em prol da Independência, mas acabou se envolvendo com nomes que mais tarde deflagariam a Confederação do Equador.

Em Recife, foi o redator do jornal *O Escudo da Liberdade do Brasil*, criado pelo padre Francisco Agostinho Gomes e impresso na Tipografia Cavalcante & Cia. Sua primeira edição, publicada no dia 26 de julho de 1823, trazia estampada em epígrafe *Rerum novus nascitur ordo* ("Nasce entre nós uma nova ordem de coisas"). O periódico circulou em datas irregulares e deixou de ser impresso em 14 de novembro de 1823, depois que d. Pedro fechou a Assembleia Constituinte e prendeu diversos deputados, incluindo José Bonifácio.

Preso na Fortaleza do Brum, em Recife, Mendes Viana foi despachado para o Rio de Janeiro junto com Cipriano Barata. Condenado à prisão perpétua, permaneceu por dois anos encarcerado nas masmorras das fortalezas de Lage e Santa Cruz, onde contraiu a tuberculose que mais tarde o levaria à morte. Solto, foi eleito deputado por Pernambuco para a segunda legislatura do Império. Por ocasião de sua morte, em 1830, Evaristo da Veiga o descreveu como um patriota, homem de excessivo trabalho parlamentar e "amor ardente pela liberdade do seu país".[5]

JOSÉ JOAQUIM DA ROCHA (1777-1848)
O Clube da Resistência

Mineiro nascido em Mariana, José Joaquim da Rocha é considerado "o primeiro motor da Independência" por sua intensa atividade, entre os populares, pela causa de d. Pedro. Tendo abraçado a ideia de separação tão logo as ordens das Cortes de Lisboa chegaram ao Brasil, foi ele um dos articuladores do Dia do Fico e o principal nome do Clube da Resistência.

Órfão exposto na casa de uma proeminente família, estudou com o padre Pascoal Bernardino de Mattos, que logo fez do jovem, então com dezesseis anos, seu substituto nas aulas de Latim. Em 1798, com o casamento, Joaquim da Rocha teve de cancelar a viagem de estudos que faria a Coimbra, onde pretendia cursar Direito. Formou-se, enfim, advogado prático, ocupando diversos cargos de governo em Minas Gerais, sendo também oficial do regimento de milícias de Mariana e capitão de ordenanças.

Em 1808, mudou-se para o Rio de Janeiro. Alguns anos depois, participou da fundação da loja maçônica Distintiva, na Praia Grande, que teria como membros nomes de destaque durante a Independência, como o padre Belchior e Antônio Carlos, irmão de José Bonifácio. Com a maçonaria sendo considerada subversiva, a loja foi fechada por ordem de d. João VI.

Mais tarde, em 1815, passaria a fazer parte da loja Comércio e Artes, onde atuavam Gonçalves Ledo e o padre Januário. Três anos depois, a atividade maçônica seria proibida pelo rei português e, ao menos oficialmente, a loja Comércio e Artes seria reinstalada somente em 1821. Nessa época, o Brasil entrara em ebulição política após a Revolução do Porto e a instalação das Cortes – com Joaquim da Rocha sendo eleito deputado suplente.

Tido pelo barão de Mareschal, diplomata austríaco no Rio de Janeiro, como um "homem de talento e muita atividade", Joaquim da Rocha criou em sua casa, na rua da Ajuda, 64, o que ficaria conhecido como "Clube da Resistência" (também conhecido como "Clube da Rua da Ajuda") e, mais tarde, "Clube da Independência". Os membros se reuniam com o objetivo de trabalhar para que d. Pedro permanecesse no Brasil e, depois do Dia do Fico, pela Independência. Entre as atividades do grupo, estava a intensa propaganda pela causa do príncipe entre as camadas populares. O general português Jorge Avilez descreveu o "célebre rábula Rocha"[6] como um destacado agitador das ruas.

Além de Joaquim da Rocha, o grupo era composto por seu irmão, o tenente-coronel Joaquim José de Almeida, e seus filhos, José Mariano de Azeredo Coutinho, Paulo da Silva Barbosa, Luís Pereira da Nóbrega, Pedro Dias de Macedo Pais Leme, Antônio de Meneses Vasconcelos de Drummond, Francisco Maria Veloso Gordilho de Barbuda, Francisco da França Miranda, entre outros.

24. José Joaquim da Rocha, expoente e criador do Clube da Resistência, mais tarde Clube da Independência, em litografia de Sébastien Auguste Sisson.

Assim que as Cortes exigiram o retorno do príncipe regente, Joaquim da Rocha enviou Pais Leme a São Paulo e Silva Barbosa a Minas Gerais com o objetivo de obter dos governos provisórios uma representação para solicitar que d. Pedro permanecesse no Brasil. Com a aceitação do príncipe, o Clube da Resistência se dirigiu ao frei Sampaio, na cela do convento de Santo Antônio, para que fosse redigido o manifesto, em dezembro de 1821. Vasconcelos de Drummond e Inocêncio da Rocha Maciel ficaram encarregados de obter as assinaturas de apoio, conseguindo recolher aproximadamente 8 mil. Em janeiro do ano seguinte, d. Pedro se decidiu pelo Brasil, e a atuação do Clube da Rua da Ajuda passou a ser a causa da Independência.

Depois do Sete de Setembro, Joaquim da Rocha recebeu de d. Pedro a Ordem do Cruzeiro e foi eleito deputado por Minas Gerais para a Constituinte de 1823. Contudo, após o fechamento da Assembleia pelo imperador, Joaquim foi deportado com José Bonifácio e outros. Retornou do exílio em 1830, sendo nomeado, no ano seguinte, ministro plenipotenciário do Brasil em Paris. Quatro anos depois, foi indicado como representante brasileiro em Roma para tratar de problemas envolvendo a indicação do bispo do Rio de Janeiro. Em 1838, retornou ao Rio de Janeiro e à advocacia. Continuou advogando, mesmo cego. Morreu antes de completar 71 anos.

FREI SAMPAIO (1778-1830)
O intelectual

Partidário de José Bonifácio, ativista do Dia do Fico, orador da loja maçônica Comércio e Artes e considerado um dos grandes intelectuais brasileiros de sua época, Francisco de Sampaio nasceu no Rio de Janeiro, filho de pai português e mãe brasileira. Frequentou a escola régia por cinco anos e se matriculou em 1790 no curso de Estudos Superiores do convento de Santo Antônio – segundo alguns, devido à melancolia pela morte da mãe.

OS NOMES DA INDEPENDÊNCIA

Três anos mais tarde, recebeu o hábito de noviço e mudou o nome para frei Francisco de Santa Teresa de Jesus Sampaio. Seguiu com os estudos de Filosofia e Teologia, sendo nomeado pregador em 1800, antes mesmo de ordenado. Com apenas 22 anos, sua oratória era considerada extraordinária. Já sacerdote, atuou até 1808 como professor nos conventos São Francisco, em São Paulo, e Santo Antônio, no Rio de Janeiro. Foi nessa época que deve ter sido iniciado na maçonaria, pois em 1805 a Inquisição de Lisboa tomou conhecimento de que alguns padres haviam entrado para a "seita" dos pedreiros-livres, estando o nome do frei Sampaio entre os acusados. Seu nome simbólico na maçonaria era Irmão Ícaro.

Com a vinda de d. João VI para o Brasil, ganhou destaque, ocupando cargos importantes. Além de secretário da Visita Geral e da Província, guardião do convento Bom Jesus da Ilha e definidor provincial, foi indicado para pregador da Capela Real e examinador da Mesa de Consciência e Ordem, censor episcopal, teólogo da Nunciatura e capelão-mor do rei. Não obstante tenha estudado Direito Público e Ciências Políticas, frei Sampaio não se envolveu publicamente em questões políticas até estourar a Revolução do Porto, em 1820.

A partir de fevereiro de 1821, no entanto, começa a pregar abertamente em favor da revolução liberal-constitucional e depois, com a partida do rei português, pela causa de d. Pedro e da Independência brasileira. Em outubro, já eleito definidor provincial e residindo no convento de Santo Antônio, empresta sua cela ao movimento patriótico que se articula em torno do príncipe regente. O próprio d. Pedro passa a frequentar, até altas horas da noite, a cela do frei, respeitado por seu intelecto e por sua eloquência. Uma testemunha deixou registrado seu desempenho retórico: "Uma frase rica, pensamentos sublimes, estilo majestoso, invocação digna dos assuntos que tratava, felicidade de expressão, exemplos bem escolhidos, doutrina sólida [...] reunião de qualidades oratórias, que bem poucas vezes se encontram reunidas nos ministros da santa palavra."[7]

Tal era o prestígio de frei Sampaio sobre o grupo, que foi ele o escolhido para a redação do manifesto, escrito em 29 de dezembro de 1821 e apresentado a d. Pedro, solicitando que o príncipe permanecesse no Brasil – o que seria definido em 9 de janeiro de 1822, data que ficou conhecida como Dia do Fico. Nessa época, frei Sampaio ocupava o cargo de orador na loja Comércio e Artes, e logo seria secretário do Apostolado, grupo criado por José Bonifácio e que funcionava como a maçonaria.

A partir de meados de 1822, frei Sampaio passou a atuar como redator do *Regulador Brasílico-Luso*, depois *Regulador Brasileiro*, prestando apoio ao círculo de José Bonifácio, que defendia uma monarquia constitucional tendo d. Pedro como pilar, e combatendo o *Revérbero Constitucional Fluminense* de Gonçalves Ledo, de tendência republicana. Acusado de defender princípios inconstitucionais, em 9 de setembro de 1822 sua expulsão da maçonaria foi discutida em sessão do Grande Oriente. A defesa que o frei fazia da monarquia e da família Bragança, especialmente de d. Pedro, o colocou em conflito com influentes nomes da política brasileira.

De 1823 a 1825, atuou como redator do *Diário do Governo*, depois chamado de *Diário Fluminense*. Aos poucos, porém, foi se desligando da política. Frei Sampaio morreu na mesma cidade onde nascera, de ataque apoplético, aos 52 anos, cinco anos após deixar a redação do jornal governista.

CÔNEGO JANUÁRIO (1780-1846)
Irmão Kant

Um dos grandes nomes da causa da Independência, o cônego também foi um homem de posições políticas contraditórias, tendo lutado ao lado de Gonçalves Ledo por ideais liberais e republicanos, ora atacando d. Pedro, ora se posicionando ao seu lado.

Filho de pai português e mãe brasileira, Januário da Cunha Barbosa ficou órfão muito cedo. A mãe morreu quando ele contava nove anos e o pai faleceu pouco depois. Foi, então, criado por um tio paterno. Concluiu as aulas preparatórias eclesiásticas no Seminário Episcopal de São José, tornando-se subdiácono em 1801. Dois anos depois, entrou para

O SACERDÓCIO. Viajou para Lisboa em 1804 e, ao retornar, dedicou-se à pregação, recebendo carta de pregador régio em 1808.

Nos anos seguintes, atuou na Capela Real, lecionou Filosofia Racional e Moral como professor substituto e foi pró-comissário da Ordem Terceira dos Mínimos de São Francisco de Paula, além de ter recebido a distinção do hábito da Ordem de Cristo. Em 1814, assumiu como professor titular, função que exerceria até 1840, quando se aposentou.

Não se envolveu com política até a Revolução do Porto. Entrou na maçonaria no ano seguinte, em 1821, integrando o quadro da loja Comércio e Artes e recebendo o nome simbólico de Irmão Kant. Naquele mesmo ano, em setembro, criou, junto com o amigo e maçom Gonçalves Ledo, o *Revérbero Constitucional Fluminense*, jornal liberal redigido "por dois brasileiros amigos da Nação e da Pátria", destinado a promover as ideias da Revolução Francesa. O periódico foi o primeiro a escrever abertamente sobre a Independência, cinco meses antes do Sete de Setembro.

Em junho de 1822, Januário participou da fundação do Grande Oriente do Brasil, a união das lojas maçônicas cariocas, tornando-se o primeiro Grande Orador da instituição. Como membro da loja Comércio e Artes na Idade do Ouro, exerceria a função de venerável em duas ocasiões nos anos seguintes. Foi ele o autor do primeiro hino maçônico de que se tem notícia, e cuja estrofe diz: "Quem te segue os passos firma no caminho da virtude/ A velhice e a juventude devem teu clarão prezar/ Neste novo templo unidos em santa fraternidade,/ honramos a divindade por um culto singular."[8]

Atuante e sempre ao lado de Gonçalves Ledo, Januário participou da criação do Conselho de Procuradores das Províncias e da convocação de uma Assembleia Constituinte. Como todo o grupo de Ledo, foi perseguido por José Bonifácio e preso em 7 de dezembro de 1822. Recolhido à fortaleza de Santa Cruz, Januário foi posto a bordo de um bergantim francês e deportado para o Havre. Exilado, seguiu para Paris e, depois, Londres.

Retornou ao Brasil em abril de 1824 – agora, porém, com outra posição política: apoiando a monarquia e d. Pedro I, que o nomeou cônego da Capela Imperial e lhe concedeu o título da Ordem do Cruzeiro. Elegeu-se deputado por Minas Gerais na primeira Assembleia Legislativa (1826-29). Não conseguindo a reeleição, retornou à atividade jornalística, sendo designado diretor da Tipografia Nacional e do *Diário Fluminense*, em substituição a frei Sampaio. Manteve-se fiel a d. Pedro até sua abdicação, em 1831, quando passou a se aproximar do grupo de Evaristo da Veiga.

Em 1838, em sessão do Conselho Administrativo da Sociedade Auxiliadora da Indústria Nacional, no Rio de Janeiro, cônego Januário sugeriu, junto com o brigadeiro Raimundo da Cunha Matos, a criação do Instituto Histórico e Geográfico Brasileiro (IHGB). Em 1844, foi chamado a integrar o Conservatório Dramático, além de ser nomeado diretor da Biblioteca Nacional do Brasil. Faleceu no Rio de Janeiro dois anos depois, aos 65 anos.

25. Cônego Januário, um dos criadores do *Revérbero Constitucional Fluminense*, que pregou abertamente a Independência, em litografia de Sébastien Auguste Sisson.

9

OS ARTISTAS

Há dois séculos, os meios de comunicação que conhecemos hoje não existiam. Não havia emissoras de rádio ou televisão, muito menos rede de computadores. Quase duas décadas separam o evento do Grito do Ipiranga da aparição da primeira fotografia no país, em 1840. O que conhecemos do Brasil das décadas iniciais do século XIX deve-se a pinturas de artistas da época ou aos trabalhos de homens e mulheres que muitas décadas depois criaram obras baseadas nos eventos históricos.

Assim, a figura de d. Pedro que povoa os livros de história e o imaginário brasileiro se deve a nomes como Debret e Rodrigues de Sá, contemporâneos do monarca, e a Benedito Calixto, autor de uma das mais conhecidas imagens do primeiro imperador, pintada em 1902. Moreaux pintou sua famosa tela da Proclamação da Independência em 1844. Pedro Américo, autor da cena mais popular do Sete de Setembro, concluiu sua obra em 1888. Nem o francês estava no Brasil tampouco o brasileiro havia nascido em 1822.

O mesmo pode ser dito da imagem de d. Leopoldina. Embora a mais conhecida seja de autoria do pintor austríaco Joseph Kreutzinger, foi a brasileira Georgina de Albuquerque quem deu à então princesa o destaque merecido: o quadro *Sessão do Conselho de Estado*, em que a filha do impera-

OS NOMES DA INDEPENDÊNCIA

dor Habsburgo aparece presidindo a reunião que definiu a Independência, foi pintado no ano do centenário. No mesmo ano, Augusto Bracet pintou *Primeiros sons do Hino da Independência*, tela em que d. Pedro compõe a melodia cuja letra Evaristo da Veiga ("Brava gente brasileira") criara um século antes. O próprio Hino Nacional ("Ouviram do Ipiranga às margens plácidas") teve como base uma melodia de 1831, e a letra, por sua vez, foi escrita apenas em 1909.

JEAN-BAPTISTE DEBRET (1768-1848)
O pintor da corte

O mais destacado artista do Brasil da primeira metade do século XIX, idealizador do maior símbolo nacional, a bandeira verde e amarela, era francês. Nascido em Paris, filho de um funcionário do Estado apaixonado por História Natural e primo do famoso pintor Jacques-Louis David, Jean-Baptiste Debret ingressou na Academia Real de Pintura e Escultura aos quinze anos. Ainda jovem, em 1786, casou-se com Marie-Sophie Demaison, que lhe daria um único filho, morto aos dezenove anos.

Na mesma época da morte do filho, separou-se da esposa. Aprofundou seus estudos em viagem à Itália, em companhia de David. Com a Revolução Francesa, porém, foi encaminhado pelo governo para a Escola Nacional de Pontes e Estradas (a Escola Politécnica) a fim de estudar fortificações. Formou-se em 1795, com distinção em Desenho. Trabalhou com arquitetos e engenheiros no embelezamento da capital francesa, mas voltou a se dedicar à pintura em 1798, quando foi premiado no Salão de Paris. Ligado à escola neoclássica, associada ao governo revolucionário e, depois, ao imperial, inspirada no heroísmo e no patriotismo, Debret passou a se dedicar à exaltação da figura de Napoleão Bonaparte, principal tema de suas telas de 1806 a 1812.

OS ARTISTAS

Com a queda do imperador e o retorno dos Bourbon ao poder, os artistas ligados a Napoleão perderam prestígio. Abalado por problemas familiares, Debret recusou o convite do tsar Alexandre I para lecionar na Rússia. Em 1815, aceitou, no entanto, a proposta de Joaquim Lebreton para atuar na chamada Missão Artística Francesa, que se dirigia para o Brasil. Em janeiro de 1816, Debret deixou o porto do Havre com destino ao Rio de Janeiro, desembarcando na então capital do Reino Unido de Portugal, Brasil e Algarves dois meses depois.

Foi nomeado professor da recém-criada Escola Real de Ciências, Artes e Ofícios, que, na verdade, só existia no papel. Na prática, a escola passaria a funcionar em 1826, já com o nome de Academia Imperial. De toda forma, apesar das dificuldades, Debret permaneceu no Brasil dando aulas particulares e vendendo trabalhos ao governo. Foi nomeado por d. João cenógrafo do teatro São João e o responsável pela decoração dos edifícios públicos durante a aclamação do monarca. Tornou-se o artista oficial da corte, produzindo imagens da família real e registrando o dia a dia do Rio de Janeiro e de muitos lugares do país em desenhos e aquarelas.

Muitas de suas viagens hoje são contestadas por historiadores, especialmente a que teria feito ao Sul do Brasil, que deixou inúmeros desenhos de povos indígenas e africanos escravizados (pessoas, habitações e objetos), aspectos do cotidiano e os modos de vida das províncias, da fauna, da flora e das paisagens do país. De fato, é quase certo que não tenha realizado longas viagens para fora da corte, tomando emprestados da literatura e dos relatos de outros viajantes subsídios para a criação de seu trabalho. Da capital, onde viveu quase todo o tempo em que esteve no país, registrou os costumes, aspectos arquitetônicos, o trabalho urbano e dos escravizados, a vida privada, social e religiosa e o cotidiano da população carioca.

Debret permaneceu no Brasil mesmo com a volta de d. João VI a Portugal, em 1821, o que lhe oportunizou registrar eventos da Independência, como a aclamação e a coroação de d. Pedro I. É dele, inclusive, o desenho da bandeira nacional. Inspirado na maçonaria francesa e nas bandeiras do império napoleônico, Debret utilizou o triângulo típico das flâmulas militares e as cores verde e amarelo, que representavam as famílias reais de Bragança e Habsburgo, de d. Pedro I e d. Leopoldina, tendo ao centro velhos símbolos portugueses (a esfera armilar e a cruz da Ordem de Cristo), somados à simbologia da riqueza nacional (ramos de café e tabaco). Assim, grande parte da iconografia do Brasil joanino e do Primeiro Reinado utilizada hoje nos livros de história é obra do artista francês, que permaneceu quinze anos no país. Debret foi bem recompensado, pelo menos honorificamente, tendo recebido o título de cavaleiro da Ordem de Cristo.

26. Debret, o pintor francês da corte, em litografa de Thierry Frères.

Em 1831, quando d. Pedro abdicou da coroa brasileira e retornou à Europa, Debret solicitou uma dispensa de três anos da Academia Imperial e voltou à França. Em 1834, renunciou ao seu cargo na instituição e publicou, em Paris, o primeiro volume de sua *Viagem pitoresca e histórica ao Brasil*, obra que seria completada em 1839 com um terceiro volume.

No livro, Debret utilizou 139 pranchas litográficas, todas com textos explicativos – em alguns exemplares, as imagens foram coloridas a guache. O primeiro volume foi dedicado aos indígenas, à fauna e à flora do Brasil; o segundo, ao cotidiano da população branca e aos escravizados negros; o terceiro, à corte e às elites, retratando aspectos culturais.

Pelos serviços prestados ao Brasil, passou a receber uma pensão do governo imperial, sendo, mais tarde, eleito sócio do Instituto Histórico e Geográfico Brasileiro. Debret faleceu em Paris, aos oitenta anos.

JOHANN MORITZ RUGENDAS (1802-58)
O pintor do Brasil

Rugendas, que permaneceu pouco mais de dois anos no Brasil, reproduziu em litografias os mais variados momentos do cotidiano brasileiro, desde a vida nas senzalas até as aldeias indígenas, passando por fazendas do interior, hábitos e costumes nativos, fauna e flora, paisagens e a vida dos europeus nos trópicos. Tendo chegado ao país pouco antes da Independência, aos dezenove anos, seu trabalho só é equiparado em importância ao de Debret e se tornou referência e a própria imagem do Brasil do século XIX – ainda que muito de sua obra, especialmente a que retrata o cotidiano, apresente imagens idealizadas segundo o padrão europeu e que, às vezes, pecam pelo caráter pouco documental.

Nascido em Augsburgo, Johann Moritz Rugendas pertencia à sétima geração de uma família de artistas de origem francesa radicada na Baviera

OS NOMES DA INDEPENDÊNCIA

desde o século XVII. Ainda jovem frequentou o ateliê de um pintor de batalhas até ingressar, em 1817, na Academia de Belas-Artes de Munique. Recém-formado, em 1822 foi convidado a integrar a missão científica organizada pelo barão de Langsdorff, chegando ao Rio de Janeiro em março daquele ano.

Pelo contrato, Rugendas recebeu todo o material necessário para trabalhar. Em troca, comprometia-se a entregar toda a sua produção ao organizador da expedição. Até 1824, permaneceu na fazenda Mandioca, hoje município de Magé e, à época, pertencente a Langsdorff. Em novembro daquele ano, porém, após se desentender com o barão, passou a viajar por conta própria, percorrendo São Paulo, Minas Gerais, Mato Grosso, Espírito Santo, Bahia e Pernambuco.

Quando retornou para a Europa, no ano seguinte, levou consigo mais de quinhentos desenhos. Tinha a ideia, como previra Langsdorff, de publicar as imagens sem o consentimento do financiador. A edição da obra teve início em 1827 e foi publicada em 1835, simultaneamente em francês e alemão. Um dos mais importantes registros iconográficos do país, *Viagem pitoresca ao Brasil* reuniu originalmente cem litografias agrupadas em vinte fascículos com nada menos que 22 litógrafos trabalhando na produção. O texto do livro, porém, foi escrito em parceria com Victor Aimé Huber, amigo e companheiro de moradia em Paris. Com apoio do importante naturalista Alexander von Humboldt, a obra de Rugendas foi um sucesso – ainda que Langsdorff o tenha processado por ter quebrado o contrato firmado antes da viagem ao Brasil.

Nesse ínterim, Rugendas esteve no México, em 1831, e a partir de 1834 percorreu também muitos países da América do Sul, como Chile, Peru, Bolívia e Argentina. Em 1845, desembarcou no Rio de Janeiro, onde trabalhou para a família real retratando personalidades da corte e participou das Exposições Gerais de Belas-Artes. Ao retornar à Europa, em 1847, em troca de sua coleção de desenhos, pinturas e aquarelas – mais de 3,3 mil peças –, recebeu do rei da Baviera uma pensão vitalícia que

OS ARTISTAS

ele perdeu anos depois, novamente por quebrar um acordo. Faleceu em Württemberg, aos 56 anos.

SIMPLÍCIO RODRIGUES DE SÁ (1785-1839)
O professor

O discípulo predileto de Debret nasceu em São Nicolau, no arquipélago de Cabo Verde. Enviado ainda muito jovem para Lisboa, Simplício Rodrigues de Sá foi adotado por um pintor italiano, com quem aprendeu o ofício. Depois de viver na capital portuguesa por quinze anos, transferiu-se para o Rio de Janeiro em 1809, logo após a vinda da família real. Esteve na Argentina em 1815, onde realizou trabalhos de pintura e também de miniaturas, pelos quais ficaria conhecido mais tarde.

De volta ao Brasil, quando a Missão Artística Francesa desembarcou no país, Rodrigues de Sá se aproximou de Debret, com quem manteria contato até a partida do pintor, muitos anos mais tarde. Seu prestígio junto ao mestre o transformou em professor substituto da Academia Imperial de Belas-Artes, pintor da Real Câmara (depois Imperial Câmara) e mestre de artes da princesa d. Maria da Glória, a filha mais velha de d. Pedro I, futura d. Maria II, rainha de Portugal. Nesse ínterim, casou-se com Norberta Máxima de Jesus, com quem teria quatro filhos.

Em 1826, Rodrigues de Sá pintou uma das imagens mais conhecidas do primeiro monarca brasileiro: o *Retrato de dom Pedro I*, óleo sobre tela de 70 x 60 centímetros, que hoje compõe o acervo do Museu Imperial, em Petrópolis. Diferentemente da escola francesa do mestre, Rodrigues de Sá se ocupou com os retratos oficiais, não se dedicando às cenas históricas. Sua presença na corte permitiu que retratasse toda a família real e importantes figuras públicas do Primeiro Reinado, como o bispo d. Manoel Joaquim Gonçalves de Andrade e o amigo mais próximo de d. Pedro, Francisco Gomes da Silva. O pequeno retrato do Chalaça é mantido no Museu Histórico Nacional, no Rio de Janeiro.

Por seus serviços prestados à Coroa, o imperador lhe concedeu o hábito da Ordem de Cristo e o título de cavaleiro da Ordem Imperial do Cruzeiro. Com o retorno de Debret à Europa, em 1831, Rodrigues de Sá ocupou a cadeira de Pintura na Academia Imperial e também, três anos depois, a cadeira de Desenho. Nessa época, entre 1833 e 1835, atuou ainda como professor de Pintura do jovem imperador d. Pedro II e de suas três irmãs. A catarata, porém, já começava a lhe tirar a visão. Rodrigues de Sá morreu cego, no Rio de Janeiro, aos 54 anos.

27. Um dos quadros mais famosos de d. Pedro I, pintado em 1826 por Simplício Rodrigues de Sá.

OS ARTISTAS

EVARISTO DA VEIGA (1799-1837)
Hino da Independência

Evaristo Ferreira da Veiga e Barros tinha apenas 23 anos quando escreveu o Hino da Independência, cuja melodia é atribuída ao próprio imperador d. Pedro I. Nascido no Rio de Janeiro, filho do soldado, mestre-escola e livreiro português Francisco Luís Saturnino Veiga e da brasileira Francisca Xavier de Barros, Evaristo realizou os primeiros estudos com o pai, ampliando sua formação entre 1811 e 1818 em colégios da capital.

Influenciado pelos pais, estudou francês, latim, inglês e italiano, além de retórica, filosofia e poesia (seu primeiro poema é datado de 1811, quando ainda tinha doze anos), mas não conseguiu concluir os estudos em Coimbra, como requeria a tradição no Brasil. Passou a atuar como vendedor de livros da livraria paterna na rua da Alfândega, 395, no Rio de Janeiro. Foi ali, ainda nas agitações do Sete de Setembro, que Evaristo compôs, em 16 de agosto de 1822, o Hino Constitucional Brasiliense, como o Hino da Independência era conhecido na época:

> *Já podeis filhos da pátria*
> *Ver contente a mãe gentil;*
> *Já raiou a liberdade*
> *No horizonte do Brasil*
> *Brava gente brasileira*
> *Longe vá temor servil;*
> *Ou ficar a pátria livre,*
> *Ou morrer pelo Brasil.*

Na época, porém, a letra, assim como a melodia, foi atribuída ao então príncipe regente. Somente em 1833, já com d. Pedro longe do Brasil, é que Evaristo da Veiga reivindicou a autoria. Além de *Brava gente brasileira*, como o hino ficou conhecido nas ruas e nos quartéis do Brasil, Evaristo comporia outros sete hinos de inspiração patriótica.

OS NOMES DA INDEPENDÊNCIA

No ano seguinte ao Grito do Ipiranga, em 1823, ele e o irmão João Pedro se desligaram do pai, que evitava o envolvimento com política, e compraram a livraria de Manuel Joaquim da Silva Porto na rua da Quitanda, ponto de encontro dos que tinham interesses políticos. Em 1827, desligando-se do irmão, Evaristo da Veiga comprou a livraria do francês João Batista Bompard na rua dos Pescadores (atual Visconde de Inhaúma), 49. Era chamada por desafetos de "Clube da Rua dos Pescadores" ou, como se referiu a ela o visconde de Cairu, de "telônio"[1] – local de transações comerciais.

Evaristo da Veiga, no entanto, respondia às acusações afirmando que não precisava do "governo para nada", que não era "homem de ninguém" e que vendia livros "em minha casa e disto recebo uma subsistência honrada".[2] No mesmo ano, casou-se com Edeltrudes Maria de Ascensão, com quem teria três filhas. Dono de livraria, liberal e interessado em política, Evaristo passou a colaborar com o jornal *A Aurora Fluminense*, tornando-se, logo em seguida, o único redator do periódico de 1828 a 1835.

Fundou a Sociedade Defensora da Liberdade e da Independência Nacional, que atuava na luta pelo fim do tráfico transatlântico de escravizados, contra a escravidão e na defesa dos direitos constitucionais, funcionando de 1831 a 1835. Em 1830, elegeu-se deputado por Minas Gerais, sendo decisivo na eleição do padre Diogo Feijó para a Regência, em 1835. Desentendeu-se, pouco tempo depois, com o religioso e com muitos outros liberais moderados.

Por sua posição, autonomia e influência, encontrou diversos inimigos políticos. Em novembro de 1832, sofreu um atentado, sendo alvejado por tiros de pistola na livraria do irmão, na rua São Pedro. Como pensou ter sido atingido no olho esquerdo, teria solicitado um livro a fim de verificar. "Bom, não estou cego; ainda posso ler", exclamou. Além disso, teve coragem de sair à rua e gritar: "Não me farão calar com estes argumentos."[3]

Ativo publicista e político, também foi membro da maçonaria, atuando na loja Esperança de Niterói, onde foi iniciado em 1832, e após desentendimentos com José Bonifácio, na loja Comércio e Artes. Evaristo da Veiga, ademais, foi membro do Instituto Histórico de França e da Arcádia de Roma. Morreu no Rio de Janeiro, antes de completar 38 anos de idade, de "febre perniciosa" ou de uma pericardite, logo após o retorno de uma viagem a Minas Gerais e à casa do regente Feijó, com quem tentava se entender.

28. O autor do Hino da Independência, em desenho de M. J. Garnier.

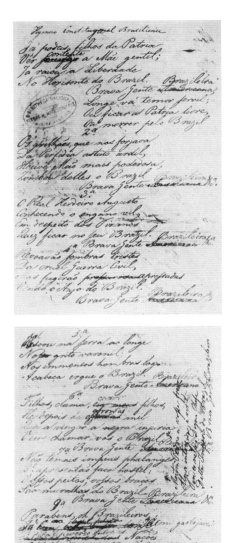

29. Documento do Hino da Independência.

OS ARTISTAS

FRANÇOIS-RENÉ MOREAUX (1807-60)
O pintor da Proclamação

Natural de Rocroi, nas Ardenas, Moreaux chegou ao Brasil quinze anos após o Grito do Ipiranga, mas foi o responsável pela primeira e uma das imagens mais icônicas da Proclamação da Independência até o fim do século XIX, quando Pedro Américo pintou o famoso *Independência ou morte*. Pouco se sabe sobre sua formação na França – apenas que estudou Pintura Histórica com o barão Antoine-Jean Gros e expôs no Salon des Beaux-Arts.

Antes de se fixar no Rio de Janeiro, em 1841, andou por Pernambuco, Bahia e Rio Grande do Sul, registrando paisagens regionais. Na capital imperial, participou das concorridas Exposições Gerais de Belas-Artes, principalmente nos anos 1840. Nessa época, *A sagração de Sua Majestade dom Pedro II*, pintura de 1842, lhe rendeu o hábito da Ordem de Cristo. Em 1844, a pedido do Senado, pintou *A Proclamação da Independência*, óleo sobre tela de 2,44 x 3,83 metros, hoje no Museu Imperial, um de seus trabalhos mais marcantes e servindo por gerações como retrato de referência do Sete de Setembro.

Diferentemente do que faria Pedro Américo mais de quatro décadas depois, Moreaux colocou a Guarda de Honra longe de d. Pedro, que está cercado por uma multidão de homens, mulheres e crianças, ainda que com características quase que exclusivamente europeias, que se abraçam e acenam. Montado em um cavalo, d. Pedro se destaca no quadro, iluminado por um raio de luz, acenando com um chapéu bicorne com a mão direita, com o olhar voltado para o céu. A mensagem de Moreaux é clara e satisfazia as ideias monarquistas: d. Pedro é o representante da vontade divina, legítimo dono do trono brasileiro, aceito e saudado pela população.

Na década de 1850, Moreaux continuou trabalhando com pinturas e colaborando com ilustrações para revistas, como a *Brasil Illustrado*. Ajudou a criar o Liceu de Artes e Ofícios do Rio de Janeiro e se associou a E. G.

Doer em um novo empreendimento: o ramo fotográfico. O pintor faleceu na capital brasileira, aos 53 anos.

30. *A Proclamação da Independência,* quadro do pintor francês François-René Moreaux.

PEDRO AMÉRICO (1843-1905)
O pintor do Grito do Ipiranga

Autor do quadro mais conhecido sobre a Independência, Pedro Américo de Figueiredo e Melo foi aclamado como pintor universal tanto quanto criticado pela falta de brasilidade. No século XX, os escritores Monteiro Lobato e José Lins do Rêgo foram duros com ele. Para o primeiro, Américo fora "o maior pintor brasileiro, o menos brasileiro dos pintores"; o segundo afirmou que era um "grande artista malogrado", homem de "sangue de índio tapuia", mas "europeu da cabeça aos pés". Não tinha "olhos para ver o Brasil",[4] sentenciou o romancista.

Nascido em Areia, na Paraíba, o pai de Pedro Américo era comerciante e violinista amador, o que despertou no filho o gosto pela arte. Sua carreira

OS ARTISTAS

começou cedo, aos nove anos, quando um naturalista francês em expedição pela província o encontrou e notou sua aptidão para o desenho. Assim, por quase dois anos, ele percorreu Paraíba, Pernambuco, Ceará, Rio Grande do Norte e Piauí. Em 1854, ingressou na Academia Imperial de Belas-Artes e no Colégio Pedro II. O jovem imperador o teria encontrado enquanto o rapaz pintava "às escondidas" um quadro do monarca. D. Pedro II, então, passou a financiar os estudos do menino.

Em 1859, Pedro Américo viajou para a França, onde estudou Belas-Artes e Ciências, entre outros, com o célebre Jean-Auguste Dominique Ingres. Retornou ao Brasil cinco anos depois e tornou-se professor de Desenho na Academia Imperial. Após a péssima recepção da corte a um de seus trabalhos (*A carioca*, tela em que uma mulher aparece nua, considerada "licenciosa" pelo próprio imperador), o artista viajou à África e à Europa, onde obteve o doutorado em Ciências, em 1869, em Bruxelas, passando a exigir que o chamassem "doutor Américo". No mesmo ano, casou-se com Carlota de Araújo Porto Alegre, filha do barão de Santo Ângelo, cônsul brasileiro em Lisboa e ex-diretor da Academia Imperial. Com ela teria três filhos.

Pedro Américo retornou ao Brasil em 1870, dando início a sua fase mais prolífica e famosa – e também a mais polêmica. Entre suas obras de destaque estão *Batalha de Campo Grande* (1871) e *Fala do trono* (1873). Em 1877, outra vez na Europa, dessa vez em Florença, pintou *Batalha do Avaí*, sobre a Guerra do Paraguai. Ele não assinou a obra e foi acusado de plagiar *Batalha de Monte Belo*, do pintor francês Gustave Doré. Para refutar a acusação, o brasileiro escreveu o livro *Discurso sobre o plágio na literatura e na arte*.

Apesar da controvérsia, ele permaneceu na Itália até 1885, quando retornou ao Brasil e ao cargo de professor da Academia Imperial. No ano seguinte, foi convidado (ou se propôs, segundo algumas versões) a pintar aquela que seria sua maior obra: *Independência ou morte* – ou *Grito do Ipiranga*, como ficou conhecido. O contrato entre o pintor e a comissão encarregada da construção do Monumento do Ipiranga, em São Paulo, foi assinado em 14 de janeiro de 1886. Pedro Américo receberia 30 contos de réis, com adiantamento de 6 contos. Com 8,4 x 4,9 metros, a obra foi inteiramente produzida em Florença e apresentada ao imperador d. Pedro II na Academia Real de Belas-Artes em 8 de abril de 1888. Depois de uma rápida exposição, *Independência ou morte* foi despachada e entregue no Brasil em julho. A monarquia, porém, caiu pouco mais de um ano depois, e o quadro só foi colocado no lugar, o atual Museu do Ipiranga, em 1895.

Embora tenha realizado extensa pesquisa sobre o Sete de Setembro, incluindo a indumentária do período, e tendo a tela sido aclamada na época como uma "obra colossal", nas últimas décadas Pedro Américo tem sido criticado pela falta de rigor histórico, ainda que detalhes das narrativas originais não tenham escapado ao pintor, como a remoção dos laços portugueses da farda dos soldados. O uniforme da Guarda de Honra usado na tela, por exemplo, não existia em 1822.

Mas a crítica principal recai sobre d. Pedro. O príncipe não montava um cavalo (e sim uma mula) e não vestia uniforme de gala (mas uma fardeta de viagem) – além de estar com cólicas intestinais. O pintor rebateu seus críticos afirmando que o fato "era indigno da história" e contrário "à intenção moral da pintura".[5] Sobre a troca da mula pelo cavalo, Pedro Américo justificou-se: o animal não era condizente com a cena. Na década de 1980, o brasileiro foi acusado de plagiar a obra do francês Jean-Louis Meissonier, de 1807, *Friedland*, concluída treze anos antes de *Independência ou morte*. Especialistas, no entanto, acreditam que ambas as telas seguem modelos iconográficos estudados em academias de belas-artes. Ou seja, ape-

31. Pedro Américo, o pintor do quadro mais famoso da Proclamação da Independência.

OS ARTISTAS

sar da semelhança com a pintura do francês, a obra do brasileiro não representa plágio.[6]

Com a Proclamação da República, Pedro Américo se envolveu com política, sendo eleito deputado federal constituinte pela Paraíba em 1890. Três anos depois, produziu mais uma tela famosa, *Tiradentes esquartejado*, pela qual o pintor também sofreu críticas por não ter sido fiel à história, já que, segundo os dados disponíveis, Tiradentes não teria barba. Pedro Américo faleceu aos 62 anos, em Florença. Seus despojos foram trazidos para o Brasil e sepultados em sua cidade natal. A esposa morreu em 1918, aos 74 anos.

FRANCISCO MANUEL DA SILVA (1795-1865) E JOAQUIM OSÓRIO DUQUE-ESTRADA (1870-1927)
Hino Nacional

A história do hino brasileiro, um dos quatro símbolos oficiais do país, teve início em 1831 e só tomou sua forma definitiva quase um século depois, em 1922. A música, de Francisco Manuel da Silva, é mais antiga do que a letra, de Joaquim Osório Duque-Estrada.

Nascido no Rio de Janeiro e aluno do padre José Maurício Nunes Garcia e de Sigismund von Neukomm, Francisco Manuel começou a carreira musical como cantor da Capela Real aos quatorze anos. Com o tempo, passou a timpanista e violoncelista, até finalmente ser nomeado mestre na instituição, já como Capela Imperial. Foi ainda regente de orquestra da Sociedade Fluminense e diretor das companhias de ópera dos teatros Lírico Fluminense, São Januário e Provisório. Participou da fundação da Imperial Academia de Música, da Ópera Nacional e da Sociedade Musical de Beneficência, que tinha por objetivo amparar músicos profissionais e suas famílias, além de ter sido o responsável pela criação do Conservatório Imperial de Música, o primeiro do gênero na América Latina.

147

OS NOMES DA INDEPENDÊNCIA

Francisco Manuel compôs música sacra, modinhas e lundus, tendo escrito diversos livros didáticos, principalmente entre 1832 e 1848, e recebido a Ordem da Rosa em duas oportunidades, em 1846 e 1857, nos graus de cavaleiro e oficial, respectivamente. Sua maior obra, porém, foi a composição do Hino ao Sete de Setembro, criado por ocasião da abdicação de d. Pedro I e executado no teatro São Pedro em 13 de abril de 1831, no mesmo dia da partida do monarca para a Europa.

Na verdade, o que viria a se tornar o Hino Nacional era um ajuste da *Marcha triunfal*, que o músico compusera em 1822. A melodia de Francisco Manuel, que faleceu no Rio de Janeiro aos setenta anos, viveu altos e baixos durante o Império e ganhou letras diversas. Uma delas, a do poeta e desembargador Ovídio Saraiva de Carvalho e Silva, era fortemente antilusitana. No começo do século XX, já na República, um concurso escolheu para o hino os versos de Joaquim Osório.

Natural de Vassouras e filho de militar (além de afilhado do general Osório), Joaquim Osório Duque-Estrada formou-se em Letras no Colégio Pedro II, em 1888. Nos anos seguintes, colaborou com jornais como o *Correio da Manhã* e o *Jornal do Brasil*, aliou-se aos republicanos e atuou como professor, bibliotecário e diplomata, além de ter publicado diversos livros. Passou à história, no entanto, com o poema em versos decassílabos que se tornou a letra oficial do Hino Nacional, conforme decreto do presidente Epitácio Pessoa, de 6 de setembro de 1922.[7]

> *Ouviram do Ipiranga às margens plácidas*
> *De um povo heroico o brado retumbante,*
> *E o sol da liberdade, em raios fúlgidos,*
> *Brilhou no céu da pátria nesse instante.*

Composto em outubro de 1909 e escolhido vencedor de um concurso nacional, o poema de Joaquim Osório passou por diversas alterações (pelo menos nove) antes da oficialização realizada para as comemorações do

OS ARTISTAS

Centenário. A letra definitiva foi adquirida pela União por 5 contos de réis. Joaquim Osório faleceu pouco tempo depois, aos 56 anos.

GEORGINA DE ALBUQUERQUE (1885-1962)
A mulher como protagonista

Nascida em Taubaté, no interior de São Paulo, Georgina de Albuquerque foi pioneira na pintura histórica e a primeira brasileira a representar a mulher no centro dos acontecimentos de 1822. Tendo começado a estudar pintura com um artista italiano aos quinze anos, em 1904 ela se mudou para o Rio de Janeiro para estudar na Escola Nacional de Belas-Artes, onde conheceu o também pintor Lucílio de Albuquerque, com quem se casaria em 1906. Premiado com uma viagem à Europa, logo após o casamento Lucílio partiu para Paris com a esposa, onde o casal viveria até 1911.

Na capital francesa, com apoio do marido, Georgina continuou seus estudos na Escola Nacional Superior de Belas-Artes e na famosa Académie Julian. De volta ao Brasil, passou a ser prestigiada e premiada como pintora, mantendo a função social esperada da mulher no começo do século XX: esposa e mãe. Ela teve dois filhos com Lucílio, Dante e Flamingo. Conhecida por seus retratos, nus artísticos, naturezas-mortas, cenas do cotidiano, paisagens urbanas e marinhas, foi com a pintura histórica que Georgina rompeu definitivamente barreiras.

Em 1922, ela concluiu *Sessão do Conselho de Estado*, realizada por ocasião do Centenário do Sete de Setembro. Em estilo impressionista, a tela de 2,1 x 2,6 metros foi comprada pela Comissão do Centenário da Independência e se encontra hoje no Museu Histórico Nacional. A obra é um marco na história do país: pela primeira vez uma mulher, a então princesa d. Leopoldina, aparecia como protagonista dos eventos de 1822. Georgina pintou a futura imperatriz sentada à mesa, tendo em mãos as cartas das Cortes, rodeada pelos irmãos Andrada, Clemente Pereira e outros quatro conselheiros, quando o Conselho que ela preside se decide pela Independência. Em contraste com a pintura encomendada pelo Museu Paulista ao pintor italiano Domenico Failutti, em que a princesa aparece com os filhos e representa o papel de mãe, Georgina apresenta d. Leopoldina no papel de liderança política.

Em 1927, Georgina assumiu a cadeira de Pintura na Escola Nacional de Belas-Artes, o que faria por duas décadas como livre-docente. Nesse período, também atuou como professora no Instituto de Artes da Universidade do Distrito Federal, no Rio de Janeiro. Com a morte do esposo, em 1939, ela fundou, no ano seguinte, no bairro de Laranjeiras, o Museu Lucílio de Albuquerque, instituindo um curso pioneiro de desenho e pintura para crianças. Em 1952, tornou-se a primeira mulher a ocupar a diretoria da Escola Nacional de Belas-Artes, cargo em que permaneceria por três anos. A artista faleceu no Rio de Janeiro, aos 77 anos.

32. *Sessão do Conselho de Estado*, de 1922, pintura impressionista de Georgina de Albuquerque. Pela primeira vez, uma mulher, a então princesa d. Leopoldina, aparece como protagonista dos eventos de 1822.

10

CRONISTAS E HISTORIADORES

A chegada de d. João VI ao Rio de Janeiro e a abertura dos portos da antiga colônia às nações amigas de Portugal permitiram que uma enxurrada de viajantes desembarcasse no Brasil. A presença deles na corte e nas províncias mais distantes e inóspitas do país deu início a uma série de publicações sobre a fauna e a flora nacionais, a vida, os hábitos, os costumes e a história dos brasileiros.

Entre os mais destacados cronistas, cientistas e viajantes que deixaram relatos sobre o Brasil joanino e do Primeiro Reinado estão John Luccock, Auguste de Saint-Hilaire, Georg Heinrich von Langsdorff, Carl von Martius, Johann Baptist von Spix, o príncipe de Wied-Neuwied, Ludwig von Rango, Theodor von Leithold, Ernst Ebel, o padre Jacob Joye, Hippolyte Taunay, Ferdinand Denis e Robert Walsh. Além desses, um grupo de militares estrangeiros – Friedrich von Seweloh, Theodor Bösche, Carl Schlichthorst, Jakob Friedrich Lienau, Heinrich Trachsler e Carl Seidler, provavelmente o mais conhecido deles – trazido pelo major Schaeffer também escreveu sobre suas andanças e experiências no país, com relatos quase sempre desabonadores.

É a partir dessas observações e crônicas, acrescidas dos documentos oficiais, que na segunda metade do século XIX nomes como Adolfo de Varnhagen e Oliveira Lima começam a escrever sobre a história brasileira, consolidando a imagem que temos hoje do país na época da Independência.

AUGUSTE DE SAINT-HILAIRE (1779-1853)
O sábio

O botânico francês nascido em Orléans é o mais conhecido dos viajantes naturalistas que percorreram o Brasil nas primeiras décadas do século XIX. Tendo retornado à Europa em 1822, após seis anos de excursões por boa parte das províncias brasileiras ao sul da Bahia, Saint-Hilaire deixou registrados não apenas aspectos da flora e da fauna do país, mas todo o cotidiano da vida nas regiões Sul, Centro-Oeste e Sudeste, com todas as suas particularidades.

Oriundo de uma família da pequena nobreza rural, fez seus primeiros estudos no colégio dos beneditinos de Solesmes, e bastante jovem foi levado para a casa de uma tia na Alemanha, por ocasião da Revolução Francesa. Em Hamburgo, estudou Comércio e Indústria a fim de dirigir a empresa familiar de refinaria de açúcar. O contato com naturalistas alemães, porém, despertou em Saint-Hilaire o interesse científico, especialmente pela botânica.

Ao retornar à França, deu seguimento aos seus estudos. Em 1816, financiado pelo Museu Nacional de História Natural de Paris, chegou ao Brasil, integrando uma missão diplomática chefiada pelo duque de Luxemburgo. Percorreu Rio de Janeiro, São Paulo, Paraná (então ligado a São Paulo), Minas Gerais, Espírito Santo, Goiás, Santa Catarina, Rio Grande do Sul e a Cisplatina (atual Uruguai), totalizando cinco expedições.

Além da coleta de material botânico e zoológico, reuniu um herbário de 30 mil espécimes, com mais de 7 mil plantas, das quais mais de 4,5 mil eram desconhecidas do público europeu. Saint-Hilaire anotou ainda em seus diários informações sobre a geografia, a etnografia e a história das regiões visitadas. Observador atento, criticou a estrutura fundiária, baseada nas grandes sesmarias, e os métodos agrícolas, nos quais a destruição da floresta era a base de todo o sistema. Foi um crítico da escravidão, embora também achasse, de acordo com o pensamento europeu de sua época, que os africanos e os mestiços fossem indolentes.

33. Auguste de Saint-Hilaire, em desenho de Ladislau Netto.

Em agosto de 1822, às vésperas da Independência, retornou à França, cansado das extenuantes viagens e com uma doença nervosa, que não o impediu de dedicar o restante de sua vida a escrever. Segundo ele mesmo registrou, foram "viagens tão penosas, empreendidas com tão débeis recursos, e acompanhadas de tantas fadigas e privações".[1] Entre importantes obras científicas, publicou *Flora Brasiliae meriodionalis*, no período de 1824 a 1835, e um resumo de seus relatórios, *Chronica Botanica*, em 1846.

Popularmente, porém, seu nome está associado às narrativas de viagens. Trechos dos relatos começaram a aparecer em francês no início da década de 1830 – em português, os relatos surgiram a partir de 1845. A obra completa, *Viagens ao interior do Brasil*, levou mais de duas décadas para ser concluída. Escrita em Montpellier, ao todo foram oito volumes, com mais de 3,4 mil páginas, publicados por várias editoras diferentes de 1830 a 1851 e ampliados em 1887, com um acréscimo póstumo. No Brasil, a obra seria lançada em vários volumes a partir dos anos 1930 e receberia sucessivas reedições.

Nesse ínterim, Saint-Hilaire foi nomeado cavaleiro da Legião de Honra, em 1826, e membro da Academia de Ciências, em 1830. Em 1834, passou a atuar como professor de Botânica na Faculdade de Ciências de Paris, cargo que deixaria em 1852. No ano seguinte, Saint-Hilaire faleceu em sua cidade natal, poucos dias antes de completar 74 anos.

LUIZ GONÇALVES DOS SANTOS (1767-1844)
O padre Perereca

O principal cronista do Brasil joanino nasceu no Rio de Janeiro e foi batizado na igreja de Nossa Senhora do Rosário e São Benedito, então catedral do bispado. Filho da brasileira Rosa Maria de Jesus e do português José Gonçalves dos Santos – um ourives arruinado que deixou a capital para se dedicar à agricultura em Suruí –, Luiz Gonçalves dos Santos iniciou seus estudos aos sete anos na escola de primeiras letras do mestre José Pinto.

CRONISTAS E HISTORIADORES

Aluno destacado, em cinco anos recebeu o atestado necessário para o ingresso no curso superior.

Em 1782, matriculou-se no curso de Filosofia do Convento de Santo Antônio, onde o erudito frei Antônio de Santa Úrsula Rodovalho era professor. Estudou Grego, Retórica, Poética e Geografia. Sete anos mais tarde, estudou Filosofia Racional e Moral com o professor Agostinho Correia da Silva Goulão, a quem substituiria, mais tarde, na cadeira régia. Em 1794, Luiz Gonçalves recebeu as ordens sacras e, dois anos depois, ordenou-se presbítero. Professor de Filosofia Racional e Moral do Seminário da Lapa, em 1809 obteve carta-patente de professor mestre de Gramática Latina, cargo do qual se aposentaria em 1825 devido à surdez.

Dono de uma voz fina e estridente, e por ser muito magro, franzino, de olhos grandes e esbugalhados, de uma "fealdade não comum", Luiz Gonçalves recebeu o apelido depreciativo de "Perereca".[2] Seu intelecto, porém, era notável, transformando-o em hábil, destacado e agressivo polemista e panfletário. Às vésperas da Independência, travou uma "guerra literária", rebatendo os jornais lusitanos que acusavam o Brasil de ser "terra dos macacos, de negros e serpentes".

Já no Primeiro Reinado, envolveu-se em questões religiosas, atacando o padre Diogo Feijó, que era favorável ao casamento dos sacerdotes e, mais tarde, viria a ser regente, acusando-o de promover um "furor casamenteiro". Sua obra mais importante, no entanto, é *Memórias para servir à história do reino do Brasil*. O livro foi escrito em 1821, mas impresso em Portugal quatro anos depois. É o mais detalhado relato sobre a vida na cidade do Rio de Janeiro das primeiras décadas do século XIX.

Nos anos seguintes ao Sete de Setembro, o padre Perereca continuou publicando livros tanto sobre questões políticas quanto religiosas. Em 1839, tornou-se cônego prebendado da Capela Imperial, antiga Capela Real. Nesse mesmo ano, ingressou como sócio honorário do Instituto Histórico e Geográfico Brasileiro (IHGB). Padre Perereca faleceu cinco anos mais tarde, no Rio de Janeiro, aos 77 anos, sendo sepultado na catacumba da igreja de São Pedro.

OS NOMES DA INDEPENDÊNCIA

MARIA GRAHAM (1785-1842)
A cronista inglesa

A inglesa Maria Dundas, ou Maria Graham, nome com o qual passou à história, merece lugar de destaque entre os cronistas que presenciaram e deixaram escritas suas observações sobre fatos e personagens brasileiros. Nascida em Papcastle, no condado de Cambria, e filha de um vice-almirante e comissário do Almirantado, Graham teve esmerada educação. Frequentou o colégio de Drayton, próximo de Oxford, onde estudou Literatura, História e línguas estrangeiras. A formação foi ampliada e consolidada pela convivência com artistas e intelectuais que a posição paterna oportunizara.

Aos 23 anos, empreendeu sua primeira grande viagem, acompanhando o pai até a Índia. A experiência nessa viagem resultaria em dois trabalhos publicados – os primeiros de uma série de "diários" e cartas que ela escreveria ao longo da vida sobre suas viagens pelo mundo. No mesmo ano, 1809, conheceu seu primeiro marido, o oficial da Marinha britânica Thomas Graham, de quem herdaria o sobrenome. Após o casamento, fixou-se por um tempo na Escócia. Enquanto o marido comandava expedições marítimas, ela se dedicava a editar, traduzir e comentar livros de lorde Byron, Jane Austen e Helen Maria Williams publicados pelo amigo John Murray. Em 1819, viajou com o esposo para a Itália, viagem que resultou em um novo livro.

Em 1821, a bordo da fragata *Doris*, comandada pelo marido, chegou ao Brasil pela primeira vez. Em setembro e outubro, permaneceu em Recife como hóspede do governador Luiz do Rego Barreto, casado com a filha do visconde do Rio Seco, ligação que lhe abriria as portas da corte no Rio de Janeiro. Seguiu viagem com o capitão Graham, que se dirigia para o Chile. Em abril de 1822, na altura do cabo Horn, porém, seu marido morreu. Viúva, Maria chegou a Valparaíso, onde conheceu lorde Cochrane, que, depois de servir no Chile, estava de partida para o Brasil.

Em março de 1823, Maria Graham desembarcou no Rio de Janeiro e se alojou em uma casa no morro da Glória. Por intermédio da viscondessa do Rio Seco e de Thomas Hardy, seu compatriota, ofereceu seus serviços à imperatriz d. Leopoldina. Atuaria como governanta de d. Maria da Glória, mas, antes de assumir o cargo, solicitou permissão para retornar à Inglaterra com o intuito de trazer o material necessário para a educação da jovem princesa. Partiu em outubro, retornando em setembro do ano seguinte a bordo do paquete *Reynald*. Recife, no entanto, estava em guerra, às voltas com a Confederação do Equador. Lá permaneceu até setembro, tendo se encontrado tanto com lorde Cochrane, que liderava a esquadra brasileira, quanto com Paes de Andrade, líder da sedição.

34. A cronista inglesa Maria Graham, em pintura de Thomas Lawrence.

OS NOMES DA INDEPENDÊNCIA

Depois de chegar ao Rio, dirigiu-se até o Paço de São Cristóvão, onde encontrou o próprio imperador de chinelos, calças, casaco listrado e chapéu de palha forrado e amarrado de verde. Encontrou-se com a imperatriz, de quem se tornou confidente. As fofocas e dificuldades enfrentadas por d. Leopoldina também atingiram Maria Graham, que foi demitida do cargo de governanta pouco mais de um mês depois de assumir as funções. Apesar disso, a inglesa continuou no Rio de Janeiro por quase um ano, morando na rua dos Pescadores e nas Laranjeiras, tempo que passou escrevendo e pintando. Em setembro de 1825, voltou à Inglaterra e, de Londres, manteve correspondência ativa com a imperatriz até a morte de d. Leopoldina, no fim do ano seguinte.

Em fevereiro de 1827, Graham casou-se com o pintor Augustus Collcott. Enquanto o marido se destacava – ele recebeu o título de cavaleiro e foi nomeado conservador das Coleções Reais –, ela continuou sua produção, escrevendo memórias e livros de história sobre a França, Espanha e Inglaterra e publicando seus diários de viagens. Para o Brasil, fundamentais para a história da Independência e do Primeiro Reinado, assim como para as biografias de d. Pedro, d. Leopoldina e José Bonifácio, entre outros, são seus livros *Diário de uma viagem ao Brasil e de uma estada nesse país durante parte dos anos de 1821, 1822 e 1823*, publicado originalmente em inglês, em 1824; e *Escorço biográfico de dom Pedro I*, de 1835.

Além disso, Maria Graham colaborou também com *Flora brasilienses*, gigantesca obra de Carl von Martius com seus trabalhos sobre botânica e o itinerário de suas herborizações em Pernambuco, Bahia e Rio de Janeiro. Ela morreu em Kensington Gravel Pits, um vilarejo em Londres, aos 57 anos. O marido morreu dois anos depois dela, em 1844, aos 65 anos.

CARL SEIDLER (SÉCULO XIX)
O mercenário alemão

O mercenário alemão Carl Friedrich Gustav Seidler é um dos mais conhecidos cronistas do Primeiro Reinado, ainda que, de modo geral, sua

CRONISTAS E HISTORIADORES

obra seja pouco elogiosa ao Brasil e muito do que escreveu tenha a marca da mágoa e das decepções de um aventureiro desiludido, não raro com descrições fantasiosas ou exageradas. Na verdade, pouco se sabe sobre seu passado antes de vir para a América, salvo que era de Brunswick e cadete do Exército. Ele descreveu sua pátria como "sonolenta" e sua profissão como "ainda mais sonolenta".

Seidler chegou ao Rio de Janeiro junto a soldados mercenários alistados na Alemanha pelo major Schaeffer, agente de d. Pedro I na Europa, responsável pelas primeiras levas de imigrantes germânicos. Desembarcou na capital brasileira em fevereiro de 1826, tendo feito a viagem transatlântica a bordo do *Caroline*. Perambulou pelo Rio até conseguir do imperador, que ele chamaria mais tarde de "Napoleão brasileiro" e "Pedro-Napoleão",[3] o posto de alferes (o que corresponde hoje à patente de segundo-tenente) do 27º Batalhão de Caçadores do Exército imperial, com o qual participou da famosa Batalha de Passo do Rosário durante a Guerra Cisplatina, em 20 de fevereiro de 1827. Antes, porém, foi testemunha ocular das exéquias de d. Leopoldina, em dezembro de 1826.

No Sul, interessou-se pela capital gaúcha – "Porto Alegre é certamente a mais agradável estada que o Brasil pode oferecer aos alemães" –,[4] mas amargou as marchas e contramarchas do Exército imperial e a dura vida de um militar no Primeiro Reinado: tratamento desumano, comida ruim, uniformes e armamento precários e soldo sempre atrasado. Em 1831, com a abdicação de d. Pedro e o fim das tropas estrangeiras, decidiu permanecer no país.

Depois de quase uma década, Seidler voltou à Alemanha em janeiro de 1835, publicando *Dez anos no Brasil*. O livro, finalizado em março daquele ano, em Blankenburg, descreve suas andanças na América portuguesa, os colonos e as colônias alemãs do Sul, perfis brasileiros dos mais variados, o dia a dia do Rio de Janeiro e da corte e a desilusão de Seidler com a administração pública do país, com o projeto de imigração e o tratamento dado aos ex-mercenários alemães.

Seidler não deixou de contar bebedeiras e orgias: "Cachaça era nosso vinho, e as negras faziam o papel de bailarinas."[5] Em 1837, publicou

OS NOMES DA INDEPENDÊNCIA

outras duas obras sobre a experiência sul-americana, menos conhecidas, mas igualmente interessantes: *História das guerras e revoluções do Brasil, de 1825 a 1835*, publicada no Brasil somente em 1939, e *Memoiren eines Ausgewanderten* ["Memórias de um emigrante"], sem tradução para o português. Depois disso, o ex-mercenário e cronista desapareceu da história.

JOHN ARMITAGE (1807-56)
O comerciante inglês

O autor de um dos primeiros livros sobre a Independência brasileira nasceu em Failsworth, próximo a Manchester, na Inglaterra, e passou a primeira infância em Dukinfield. Como membro de uma família presbiteriana e unitária, recebeu educação básica de membros da Congregação Unitária de Oldham e do reverendo Benjamin Goodier. Armitage demonstrou desde cedo interesse pela leitura e aptidão para escrita, tendo mesmo se aventurado a escrever poemas, mas não concluiu os estudos para poder auxiliar o pai na fábrica de algodão da família. Antes de completar 21 anos, ingressou na firma mercantil Philips, Wood & Cia., fabricante de chapéus e comerciante de corantes, sendo enviado para o Rio de Janeiro em 1828.

Na capital brasileira, tornou-se amigo de Evaristo da Veiga, tendo a oportunidade de atuar como um dos diretores da Sociedade Defensora da Liberdade e da Independência Nacional e de iniciar a pesquisa e a escrita de *História do Brasil desde o período da chegada da família Bragança, em 1808, até a abdicação de d. Pedro I, em 1831*. Depois de sete anos no Brasil, retornou à Inglaterra em 1835, publicando seu livro em dois volumes pela Smith, Elder & Cia. no ano seguinte.

Segundo o próprio Armitage, sua obra foi "compilada à vista dos documentos públicos e outras fontes originais".[6] Em 1837, *História do Brasil* ganhou uma versão em português, impressa na tipografia de J. Villeneuve, na rua do Ouvidor, 65, cuja tradução provavelmente foi realizada por Joaquim Teixeira de Macedo. Como a edição não tinha indicação clara

CRONISTAS E HISTORIADORES

do tradutor, constando apenas "traduzido do inglês por um brasileiro", durante muito tempo se atribuiu a Evaristo da Veiga a versão da obra em português, e houve mesmo quem duvidasse da autoria de Armitage.

Mal lançara o livro sobre o Brasil, o inglês deu início a um novo empreendimento. No mesmo ano, partiu para o Ceilão, atual Sri Lanka, por outra companhia mercantil. Logo depois, criou seu próprio negócio, com as empresas Armitage, Scott & Cia. e Armitage Brothers, na cidade de Colombo. Em 1838, casou-se com Fanny Henriette, com quem teria seis filhos. Durante a permanência na ilha, foi representante consular belga, diretor do banco regional e membro do conselho legislativo por vários anos. Após dezenove anos na colônia britânica, retornou à Inglaterra em 1855. Faleceu em Manchester, poucos meses depois, aos 48 anos.

ADOLFO DE VARNHAGEN (1816-78)
O historiador

Considerado o "pai da história brasileira", Francisco Adolfo de Varnhagen produziu uma extensa bibliografia composta por livros, artigos e memórias, abrangendo estudos históricos, filológicos, etnográficos e literários. Sua obra magna, *História geral do Brasil*, publicada em dois volumes, em 1854 e 1857 (e revisada em 1877), foi a primeira tentativa de um autor brasileiro de sistematizar o conhecimento historiográfico nacional.

Nascido em Sorocaba, São Paulo, filho do engenheiro alemão Friedrich Ludwig Wilhelm Varnhagen e da portuguesa Maria Flávia de Sá Magalhães, seu pai havia chegado ao Brasil em 1809 para construir a Real Fábrica de Ferro de Ipanema. Às vésperas da Independência, porém, a família retornou a Portugal, onde Varnhagen cursou o Real Colégio Militar da Luz e a Academia da Marinha. Em 1834, concluiu o curso de Engenharia na Academia de Fortificações.

Sua proximidade com o escritor e historiador português Alexandre Herculano e o cardeal d. Francisco de São Luís Saraiva lhe oportunizou

161

a recomendação de acesso aos arquivos da Torre do Tombo, em Lisboa, onde encontrou o *Tratado descritivo do Brasil*, de Gabriel Soares de Sousa, de 1587. Por seu achado e pesquisa, foi admitido na Academia Real de Ciências de Lisboa. Em 1840, licenciado do Exército português, chegou ao Rio de Janeiro, onde foi eleito sócio-correspondente do Instituto Histórico e Geográfico Brasileiro (IHGB), criado três anos antes.

Naturalizado brasileiro em 1844, deu início à carreira diplomática, retornando à Europa. Paralelamente à atividade no Itamaraty, realizava pesquisas sobre a história do Brasil com subsídio do governo brasileiro. Depois de uma temporada europeia, Varnhagen voltou ao Rio de Janeiro em 1851 e ocupou o cargo de primeiro-secretário do IHGB, organizando a biblioteca e o acervo da instituição, o que o aproximou de d. Pedro II. O imperador lhe abriu as portas, indicando-o a cargos importantes, conferindo-lhe honrarias e financiando seus projetos de pesquisa.

Regressou ao Velho Mundo, onde permaneceu por seis anos, em missões na Holanda, França e Itália. Foi nesse período que publicou, em Madri, na Espanha, a primeira edição de *História geral do Brasil* – com revisão do autor, o livro ganharia nova edição duas décadas mais tarde. Promovido a ministro residente, Varnhagen passou a década seguinte em missões por vários países sul-americanos. Durante a permanência em Santiago, no Chile, conheceu Carmen Ovalle y Vicuña, com quem se casou em 1864, tendo com ela três filhos. Alguns anos depois, a família se mudou para Viena, com Varnhagen atuando como ministro plenipotenciário. Nesse meio-tempo, recebeu de d. Pedro II o título de barão de Porto Seguro e, mais tarde, em 1874, o de visconde de Porto Seguro.

No ano seguinte, Varnhagen concluiu *História da Independência do Brasil*, já par-

35. O historiador Francisco Adolfo de Varnhagen, o visconde de Porto Seguro, por Federico de Madrazo y Kuntz.

cialmente preparada com as pesquisas para *História geral do Brasil*, mas não chegou a publicar a obra. Somente em 1916, o IHGB lançou o livro, cujo manuscrito original fora encontrado no acervo do barão do Rio Branco. Varnhagen fez uma breve e última viagem de pesquisa ao Brasil em 1877. Faleceu no ano seguinte, em Viena, aos 62 anos.

Por desejo da esposa, foi sepultado no Chile, de onde seus despojos foram transladados para Sorocaba no centenário de seu falecimento. Desde 2016, os restos mortais do historiador estão depositados em um monumento em frente ao mosteiro de São Bento, junto ao largo de São Bento.

OLIVEIRA LIMA (1867-1928)
O diplomata

Um dos grandes nomes da diplomacia brasileira, Manuel de Oliveira Lima, jornalista, crítico literário e historiador, é autor daquele que é considerado o livro mais importante sobre o Brasil de d. João VI, publicado no começo do século XX. Nascido em Recife, Pernambuco, filho de mãe brasileira e de um comerciante português, em 1873 mudou-se com a família para Lisboa, onde cresceu e foi educado. Estudou no Colégio dos Padres Lazaristas e na Escola Acadêmica. Deu início à carreira como escritor ainda na juventude, quando criou o jornal *Correio do Brasil*. Já na universidade, cursou Letras e Filosofia, obtendo o doutorado na mesma área. Escreveu para diversos periódicos, como *O Repórter*, *Revista de Portugal*, *Jornal do Recife*, *Diário de Pernambuco*, *Jornal do Commercio*, *Correio da Manhã* e o *Jornal do Brasil*, colaborando com este último durante quase toda a sua vida.

Em 1891, Oliveira Lima se casou com Flora Cavalcanti de Albuquerque. Por influência do cunhado e diplomata Pedro de Araújo Beltrão, iniciou a carreira diplomática, sendo nomeado, no ano seguinte, segundo-secretário da legação brasileira em Lisboa. Ele serviria ao Ministério das Relações Exteriores do Brasil até 1914, passando por vários cargos, até o de ministro plenipotenciário, tendo atuado em diversos países, como Alemanha, Bélgica, Inglaterra, Japão, Venezuela e Estados Unidos.

Como bibliófilo e obsessivo colecionador de mapas e manuscritos, juntou uma das maiores bibliotecas brasileiras. Seu acervo, doado à Universidade Católica da América, em Washington, onde foi professor de Direito Internacional, conta com mais de 40 mil livros. Como respeitado intelectual, proferiu palestras e conferências e atuou como professor em importantes universidades europeias e estadunidenses. Foi membro do IHGB e um dos fundadores da Academia Brasileira de Letras (ABL), sendo um dos dez sócios eleitos.

Em 1895, Oliveira Lima publicou seu primeiro livro, sobre Pernambuco, mas foi somente em 1908 que o diplomata lançou a obra pela qual é lembrado, *D. João VI no Brasil*. Referência até hoje sobre o Brasil joanino, o historiador Tarquínio de Souza considerou o livro "um dos maiores de nossa historiografia". O sociólogo Gilberto Freyre afirmou que se trata de "uma das obras mais importantes, de qualquer gênero, jamais produzidas no Brasil". De fato, pela primeira vez, ao contrário da opinião geral da época, a vinda da família real para a América era descrita como uma "inteligente e feliz manobra política", não uma "deserção covarde".[7]

Oliveira Lima ainda publicou, entre outros, *O movimento da Independência*, de 1922, e *O Império brasileiro*, de 1928, que completam a ideia do diplomata de formação de uma nacionalidade brasileira tendo como base uma visão positiva do passado do país, com a exaltação de personagens históricos. A partir de d. João VI (o "criador" da identidade nacional), d. Pedro I e d. Pedro II, o Brasil teria passado de colônia lusa atrasada a uma "monarquia democrática".

Oliveira Lima faleceu em Washington aos 61 anos. Sua esposa morreu doze anos mais tarde, em 1940, depois de atuar como assistente na biblioteca criada pelo marido e organizar e editar as memórias do escritor. O casal não teve filhos.

Dramatis Personae

A lista a seguir inclui nomes ligados à história da Independência e que de alguma maneira foram citados com destaque no livro. Os nomes constam em ordem alfabética, com indicação de nascimento e morte, seguidos de uma breve biografia – a qual, por uma série de motivos, muitas vezes permanece incompleta.

ABRANTES, duquesa (Laura Permon, madame Junot, 1784-1838). Casada com o general Junot, embaixador francês e comandante do Exército que invadiu Portugal em 1807. Foi amante de Metternich, célebre ministro austríaco. Deixou em suas memórias impressões sobre Portugal e a corte durante sua estada no país (1805-8).

ALBUQUERQUE, Georgina de (1885-1962). Pintora e desenhista, autora do óleo sobre tela *Sessão do Conselho de Estado*, de 1922, em que d. Leopoldina aparece presidindo a reunião que definiu a Independência. Georgina foi a primeira mulher a ocupar a diretoria da Escola Nacional de Belas-Artes, no Rio de Janeiro (1952-55). Ver mais no capítulo 9.

ALENCAR, Bárbara de (1760-1832). Participou da República do Crato (1817); foi presa (1817-21), sendo considerada a primeira presa política do país. Participou ainda da Confederação do Equador (1824). Ver mais no capítulo 7.

ALENCAR, José Martiniano de (1794-1860). Filho de Bárbara de Alencar, participou da Revolução Pernambucana, foi responsável pela Proclamação da República do Crato (1817) e posteriormente preso (1817-21). Participou da Confederação do Equador (1824), quando também foi preso. Foi deputado nas Cortes (1821) e na Constituinte (1823), depois deputado e senador (1829-60) e presidente do Ceará (1834-377 e 1840-41). Padre e maçom, é pai do escritor José de Alencar.

OS NOMES DA INDEPENDÊNCIA

AMÉLIA DE LEUCHTENBERG, d. (1812-73). Segunda esposa de d. Pedro e imperatriz brasileira (1829-34). Teve com o monarca apenas uma filha, d. Maria Amélia (1831-53), a "Princesa Flor".

AMÉRICO, Pedro (1843-1905). Pintor do quadro mais famoso do Sete de Setembro, *Independência ou morte* (ou *Grito do Ipiranga*), concluído na Itália em 1888 e exposto no Museu do Ipiranga desde 1895. Ver mais no capítulo 9.

ANDRADA, Martim Francisco Ribeiro de (1775-1844). Irmão de Bonifácio, membro da Assembleia Constituinte (1823) e da Câmara dos Deputados (1830-42).

ANDRADA MACHADO. Ver SILVA, Antônio Carlos Ribeiro de Andrada Machado e.

ANGÉLICA, Joana (1761-1822). Abadessa, considerada heroína da Independência, foi morta durante a invasão do Convento da Lapa, na Bahia, por tropas portuguesas. Ver mais no capítulo 7.

ARARIPE, Tristão. Ver GONÇALVES, Tristão.

ARMITAGE, John (1807-56). Comerciante britânico, viveu sete anos no Rio de Janeiro. Escreveu *História do Brasil*, publicado na Inglaterra em 1836. Ver mais no capítulo 10.

ARRÁBIDA, frei (1771-1850). Conselheiro de d. João VI, professor e confessor de d. Pedro I. Ver mais no capítulo 3.

AVILEZ, Jorge (Jorge de Avilez Juzarte de Sousa Tavares, 1785-1845). Militar português, comandante da Divisão Auxiliadora. Esteve diretamente envolvido nos eventos entre 1821 e 1822, às vésperas da Independência. Ver mais no capítulo 6.

BADARÓ, Líbero (1798-1830). Jornalista italiano radicado no Brasil e assassinado em São Paulo. A morte do liberal agravou a crise política no Primeiro Reinado, aumentando a oposição ao governo de d. Pedro, que acabou abdicando.

BARATA, Cipriano (1762-1838). Jornalista e agitador político envolvido com os principais movimentos sociais, políticos e separatistas do Nordeste brasileiro entre 1798 e 1824. Fundou o jornal *Sentinela da Liberdade*. Ver mais no capítulo 5.

BARBACENA, marquês de (Felisberto Caldeira Brandt, 1772-1842). Militar e diplomata de atuação destacada no Primeiro Reinado. Lutou na Guerra Cisplatina (1825-28) e foi um dos agentes de d. Pedro I na Europa.

DRAMATIS PERSONAE

BARBOSA, cônego Januário da Cunha. Ver JANUÁRIO, cônego.

BARRETO, Domingos Alves Branco Muniz (1748-1831). Militar, naturalista e maçom nascido na Bahia, foi o autor da ideia de proclamar d. Pedro "Defensor Perpétuo do Brasil", defendida na loja Comércio e Artes, no Rio de Janeiro.

BARRETO, Francisco Pais (1779-1848). Capitão-mor da vila do Cabo, participou da Revolução Pernambucana (1817), foi membro da Junta dos Matutos (1822-23) e presidente de Pernambuco (1824), posicionando-se contrariamente à Confederação do Equador. Foi visconde e, depois, marquês de Recife.

BARROS FALCÃO DE LACERDA, José de (1775-1851). Militar, esteve envolvido com a Revolução Pernambucana (1817) e a Confederação do Equador (1824). Comandou as tropas brasileiras na batalha de Pirajá.

BELCHIOR, padre (Belchior Pinheiro de Oliveira, 1775-1856). Presenciou o Grito do Ipiranga. Deixou relato sobre o Sete de Setembro. Ver mais no capítulo 2.

BERQUÓ, Joaquim Maria da Gama Freitas. Ver CANTAGALO, marquês de.

BOMPARD, João Batista (1797-1854). Livreiro francês, Jean-Baptiste chegou ao Brasil em 1818 e manteve uma livraria na rua dos Pescadores (atual Visconde de Inhaúma), 49, entre 1823 e 1828, quando voltou à França.

BONIFÁCIO, José (1763-1838). Cientista, maçom, político e estadista, conselheiro e ministro de d. Pedro I, considerado o Patriarca da Independência. Ver mais no capítulo 4.

BRANDT, Felisberto Caldeira. Ver BARBACENA, marquês.

BREGARO, Paulo Emílio. Oficial do Supremo Tribunal Militar, conhecido de d. Pedro desde Lisboa, antes da vinda da família real para o Brasil, e membro da Sociedade Germânia, no Rio de Janeiro. Foi o responsável pela entrega da correspondência a d. Pedro no Sete de Setembro.

BRITO, Marcos de Noronha e (1771-1828). Conde de Arcos, administrador colonial português, foi o último vice-rei do Brasil (1806-08). Recebeu d. João VI em Salvador, em 1808, e governou a Bahia durante a Revolução Pernambucana (1817).

CÂMARA, Manuel de Arruda (1752-1810). Naturalista, médico e carmelita secularizado, o paraibano estudou em Coimbra e Montpellier. Foi o criador do Areópago de Itambé, em Pernambuco, foco da maçonaria e das ideias republicanas no Nordeste do Brasil. Manteve contato próximo com Bárbara de Alencar.

OS NOMES DA INDEPENDÊNCIA

CANECA, frei (1779-1825). Um dos mais destacados líderes republicanos, mártir da Confederação do Equador (1824). Ver mais no capítulo 5.

CANTAGALO, marquês de (Joaquim Maria da Gama Freitas Berquó, 1794-1852). Português, militar e guarda-roupa de d. Pedro durante a viagem a São Paulo, quando ocorreu o Sete de Setembro. Foi senador do Império.

CARLOTA JOAQUINA, d. (1775-1830). Esposa de d. João VI, princesa regente e rainha de Portugal (1792-1826), mãe do primeiro imperador brasileiro, d. Pedro I. Ver mais no capítulo 3.

CARLOTA, João (sem informações conhecidas). Criado de d. Pedro durante a viagem a São Paulo, presente no Sete de Setembro.

CARVALHO, João (sem informações conhecidas). Criado de d. Pedro durante a viagem a São Paulo, presente no Sete de Setembro.

CASTRO, José Antônio da Silva (1792-1844). O "Periquitão", comandante do Batalhão dos Periquitos, lutou pela Independência na Bahia. Entre seus comandados estava Maria Quitéria. Avô do poeta Castro Alves.

CAUPERS (ou CAUPER; KAUPPERS), Pedro José (1761-1834). Fidalgo da Casa Real, guarda-roupa de d. João VI e d. Pedro I.

CHALAÇA (Francisco Gomes da Silva, 1791-1852). Amigo, alcoviteiro e secretário particular de d. Pedro I. Presenciou o Grito do Ipiranga. Ver mais no capítulo 2.

COCHRANE, Thomas (1775-1860). Militar escocês, primeiro almirante da Marinha brasileira, teve atuação decisiva, destacada e controversa no Nordeste brasileiro durante as guerras da Independência. Ver mais no capítulo 6.

CORDEIRO, Antônio Ramos (ca. 1764-1846). Major, acompanhou o carteiro Paulo Bregaro até as margens do Ipiranga, em São Paulo, no Sete de Setembro.

COSTA, Hipólito José (1774-1823). Maçom, jornalista, fundador do *Correio Braziliense* (1808-22). Patrono da imprensa nacional. Ver mais no capítulo 8.

COUTINHO, Pedro José Joaquim Vito de Meneses. Ver MARIALVA, marquês de.

DEBRET, Jean-Baptiste (1768-1848). Pintor e desenhista francês, viveu quinze anos no Brasil (1816-31) e é considerado um dos mais importantes artistas da primeira metade do século XIX no país. Desenhou a bandeira nacional. Publicou *Viagem pitoresca e histórica ao Brasil* (1834-39). Ver mais no capítulo 9.

DOMITILA (1797-1867). Domitila de Castro do Canto e Melo, marquesa de Santos, a amante mais famosa e influente de d. Pedro I, tendo com ele um relacionamento entre 1822 e 1829 que resultou em cinco filhos. Ver mais no capítulo 3.

168

DRAMATIS PERSONAE

DRUMMOND, Antônio de Meneses Vasconcelos de (1794-1865). Diplomata, aliado de José Bonifácio e ativista do Dia do Fico, esteve presente na sessão do Conselho de Estado que definiu a Independência do Brasil e foi redator do jornal *O Tamoyo*. Ver mais no capítulo 4.

DUQUE-ESTRADA, Joaquim Osório (1870-1927). Jornalista, autor da letra do Hino Nacional, datada de 1909 e oficializada em 1922. Ver mais no capítulo 9.

FEIJÓ, padre Diogo (1784-1843). Religioso e político liberal, foi deputado nas Cortes (1821) e, no Primeiro Reinado, ministro da Justiça e dos Negócios do Império (1831-32), senador (1833-43) e regente do Império (1835-37).

FELIPA, Maria (sem datas conhecidas). Marisqueira, capoeirista e espiã, lutou contra os portugueses em Salvador, na Bahia. Ver mais no capítulo 7.

FERREIRA, Ildefonso Xavier (1795-1871). Padre curitibano, estava no teatro da Ópera, em São Paulo, no dia 7 de setembro de 1822, onde proclamou d. Pedro "primeiro rei brasileiro".

FILGUEIRAS, José Pereira (1758-1830). Capitão-mor do Crato e governador de Armas do Ceará, combateu a Revolução Pernambucana e a República do Crato (1817). Lutou pela Independência do Brasil (1822) e foi um dos líderes da Confederação do Equador (1824).

FRANCISCO II (Francisco I da Áustria, 1768-1835). Último imperador do Sacro Império Romano-Germânico (1795-1806) e imperador da Áustria (1804-35). Foi pai de d. Leopoldina, primeira imperatriz do Brasil.

GAMA, Luís Saldanha da (marquês de Taubaté, 1801-37). Secretário e camareiro de d. Pedro I. Presenciou o Grito do Ipiranga. Ver mais no capítulo 2.

GRAHAM, Maria (1785-1842). Cronista e escritora inglesa, amiga e confidente de d. Leopoldina. Escreveu dois livros sobre suas viagens e experiências no Brasil: *Diário de uma viagem ao Brasil e de uma estada nesse país durante parte dos anos de 1821, 1822 e 1823* e *Escorço biográfico de dom Pedro I*. Ver mais no capítulo 10.

GONÇALVES, Tristão (ou Tristão Araripe, 1790-1824). Filho de Bárbara de Alencar, participou da Revolução Pernambucana (1817), quando foi preso com a mãe, e da Confederação do Equador (1824), quando foi aclamado presidente do Ceará. Foi morto por forças imperiais, tendo seu corpo mutilado.

JANUÁRIO, cônego (Januário da Cunha Barbosa, 1780-1846). Religioso, maçom e criador do *Revérbero Constitucional Fluminense*. Foi um dos idealizadores do Instituto Histórico e Geográfico Brasileiro (IHGB). Ver mais no capítulo 8.

OS NOMES DA INDEPENDÊNCIA

JOÃO VI, d. (1767-1826). Príncipe regente de Portugal (1792-1816), rei do Reino Unido de Portugal, Brasil e Algarves (1816-22) e de Portugal e Algarves (1822-26). Instalou a família real no Rio de Janeiro, em 1808, após fugir de Napoleão na Europa. Ver mais no capítulo 3.

JUNOT, Jean-Andoche (1771-1813). General, embaixador de Napoleão em Lisboa (1805-6) e responsável pela invasão e ocupação de Portugal (1807), o que fez com que a corte portuguesa se refugiasse no Brasil. Em 1808, recebeu o título de duque de Abrantes. Foi derrotado pelos britânicos no mesmo ano e obrigado a voltar à França.

LABATUT, Pierre (1776-1849). General francês, foi o comandante do Exército Pacificador, que expulsou os portugueses da Bahia. Depois das Guerras da Independência, continuou a serviço do Império. Ver mais no capítulo 6.

LACERDA, José de Barros Falcão de. Ver BARROS FALCÃO.

LANGSDORFF, Georg von (1774-1852). Médico, naturalista e barão alemão estabelecido no Brasil como cônsul-geral da Rússia no Rio de Janeiro (1813). Foi o responsável pela Expedição Langsdorff (1822-29) e um dos primeiros a escrever sobre a imigração no país.

LEBRETON, Joachim (1760-1819). Intelectual francês, um dos idealizadores e o chefe da Missão Artística Francesa que trouxe ao Brasil, entre outros, Debret. Foi ele o idealizador da Escola Real de Ciências, Artes e Ofícios, criada por decreto em 1816, depois Academia Imperial de Belas-Artes e, com a República, Escola Nacional de Belas-Artes.

LEOPOLDINA, d. (1797-1826). Arquiduquesa austríaca e primeira imperatriz brasileira (1822-26), personagem decisiva na Independência do Brasil. Mãe do segundo imperador brasileiro, d. Pedro II. Ver mais no capítulo 3.

LEDO, Joaquim Gonçalves (1781-1847). Maçom e republicano, um dos principais articuladores da Independência, inimigo de José Bonifácio. Ver mais no capítulo 5.

LIMA E SILVA, José Joaquim de (1787-1855). Irmão do brigadeiro Francisco de Lima e Silva, foi o comandante de uma das três brigadas do Exército brasileiro em luta contra as forças portuguesas na Bahia – o Batalhão do Imperador. Então coronel, assumiu o lugar do general Labatut como comandante em chefe do Exército Pacificador, à frente do qual entrou em Salvador, em 2 de julho de 1823. Recebeu o título de visconde de Magé (1854).

DRAMATIS PERSONAE

LIMA E SILVA, Francisco de (1785-1853). Brigadeiro do Exército Imperial e comandante da força militar responsável pela repressão à Confederação do Equador (1824). Foi presidente de Pernambuco (1824-25) e senador (1837-53), além de participar das regências Trina Provisória e Permanente (1831-35). Pai de Luís Alves de Lima e Silva, o duque de Caxias. Ver mais no capítulo 4.

LIMA, Manuel Oliveira (1867-1928). Diplomata e historiador brasileiro, autor de *D. João VI no Brasil* (1908) e *O movimento da Independência* (1922). Ver mais no capítulo 10.

LOBATO, Francisco Rufino de Sousa (1773-1830). Pai do conselheiro Chalaça e mordomo de d. João VI. Foi barão e, depois, visconde de Vila Nova da Rainha.

LOBO, Antônio Leite Pereira da Gama (1782-1857). Comandante da Guarda de Honra. Presenciou o Grito do Ipiranga. Deixou relato sobre o Sete de Setembro. Ver mais no capítulo 2.

MADEIRA, Joaquim Pinto (1783-1834). Coronel, líder político e proprietário rural, combateu a Revolução de 1817 e a Confederação do Equador, sendo responsável pela prisão da família Alencar. Com a abdicação de d. Pedro, liderou uma sedição de restauração no Cariri, a Insurreição do Crato, em 1832. Foi preso e fuzilado.

MARESCHAL, barão de (Wenzel Philipp Leopold, 1784-1851). Representante da Áustria no Brasil (1820-32), foi testemunha da vida pública e privada no Rio de Janeiro da época da Independência. Ver mais no capítulo 6.

MARIALVA, marquês de (Pedro José Joaquim Vito de Meneses Coutinho, 1775-1823). Nobre, militar e conselheiro de Estado de d. João VI, foi o responsável pelas tratativas do casamento entre d. Pedro I e d. Leopoldina. Dizia-se à época ser Marialva o verdadeiro pai de d. Miguel, irmão de d. Pedro I.

MARIA I, d. (1734-1816). Conhecida como Maria I, a Louca, foi rainha de Portugal (1777-1816). Por conta de sua saúde mental abalada, o governo foi entregue a seu filho, d. João VI, que governou como regente (1792-1816).

MARIA II, d. (1819-53). Filha mais velha de d. Pedro I e d. Leopoldina, nascida no Rio de Janeiro, foi rainha de Portugal (1826-28 e 1834-53).

MARROCOS, Luís Joaquim dos Santos (1781-1838). Bibliotecário e arquivista da Real Biblioteca, depois Biblioteca Imperial (hoje Biblioteca Nacional), oficial da Secretaria de Estado de Negócios do Império, calígrafo da Constituição de 1824. Ver mais no capítulo 3.

OS NOMES DA INDEPENDÊNCIA

MARTINS, Domingos José (1781-1817). Comerciante e revolucionário, foi um dos líderes da Revolução Pernambucana. Foi preso e executado.

MAY, Luís Augusto (1782-1850). Militar e jornalista português, editor do jornal *A Malagueta* (1821-33). Veio para o Brasil em 1810.

MELO, Domitila de Castro do Canto e. Ver DOMITILA.

MELO, Inácio Luís Madeira de (1775-1833). Militar português, tenente-coronel, governador de Armas e comandante das tropas lusitanas na Bahia. Após os combates da Guerra de Independência, deixou Salvador em 2 de julho de 1823, quando forças brasileiras entraram na capital.

MELO, Francisco de Castro Canto e. Irmão de Domitila, alferes integrante da comitiva de d. Pedro em 1822, autor da "Descrição da viagem do príncipe do Rio de Janeiro a São Paulo, feita pelo gentil-homem da sua câmara Francisco de Castro Canto e Melo", narrativa publicada pelo *Jornal do Commercio*, do Rio de Janeiro, em 1865. É um dos quatro memorialistas do Sete de Setembro, junto com o padre Belchior, o coronel Marcondes de Oliveira Melo e o coronel Antônio Leite Pereira da Gama Lobo. Ver mais sobre outros relatos no capítulo 2.

MELO, Manuel Marcondes de Oliveira (barão de Pindamonhangaba, 1776-1863). Coronel e segundo no comando da Guarda de Honra. Presenciou o Grito do Ipiranga. Deixou relato sobre o Sete de Setembro. Ver mais no capítulo 2.

MENESES, Antônio Teles da Silva Caminha e. Ver RESENDE, marquês de.

METTERNICH, Klemens Wenzel von (1773-1859). Chanceler austríaco, foi um dos mais importantes diplomatas de seu tempo, à frente dos negócios da Áustria de 1809 até 1848. Um dos principais opositores de Napoleão, era defensor das monarquias europeias. Não simpatizava com d. Pedro nem com a Independência.

MOREAUX, François René (1807-60). Pintor francês, foi o responsável por uma das imagens mais conhecidas do Grito do Ipiranga, *A Proclamação da Independência*, de 1844. Ver mais no capítulo 9.

NAPOLEÃO BONAPARTE (1769-1821). Militar e estadista francês, foi imperador da França (1804-14; e 1815). Deu início a uma série de conflitos conhecida como Guerras Napoleônicas, tendo invadido Portugal em 1807, o que obrigou a família real portuguesa a se refugiar no Brasil.

OLIVEIRA, Belchior Pinheiro de. Ver BELCHIOR, padre.

DRAMATIS PERSONAE

OYENHAUSEN, João Carlos Augusto de (1776-1838). Administrador colonial português, governou o Ceará (1803-7), Mato Grosso (1807-19) e São Paulo (1819-22) na época da Independência. Também foi senador do Império (1826-31) e ministro das Relações Exteriores (1827-29).

PAES DE ANDRADE, Manoel de Carvalho (1774-1855). Entusiasta da república, participante da Revolução Pernambucana e líder da Confederação do Equador. Ver mais no capítulo 5.

PEDRO I, d. (1798-1834). Proclamou a Independência do Brasil, sendo o primeiro imperador brasileiro (1822-31). Em Portugal, reinou como d. Pedro IV (1826; e 1832-34). Filho de d. João VI e d. Carlota Joaquina, foi casado com d. Leopoldina e d. Amélia de Leuchtenberg. Ver mais no capítulo 1.

PEDRO II, d. (1825-91). Filho de d. Pedro I e d. Leopoldina, foi o segundo imperador brasileiro (1831-89). Deposto em 1889, com a Proclamação da República.

PEREIRA, José Clemente (1787-1854). Juiz, maçom e político, ocupou diversos cargos no Império. Foi um dos articulistas do Dia do Fico. Ver mais no capítulo 4.

PERERECA, padre (Luiz Gonçalves dos Santos, 1767-1844). Religioso e cronista da vida no Rio de Janeiro, autor de *Memórias para servir à história do reino do Brasil*, escrito em 1821 e publicado em 1825. Ver mais no capítulo 10.

PIRES, Gervásio (1765-1838). Comerciante pernambucano, participou da Revolução Pernambucana (1817), do movimento constitucionalista (1821) e da junta governativa de Pernambuco (1821-22), a chamada Junta de Goiana.

PORTO, Manuel Joaquim da Silva (1788-1835). Português residente no Rio de Janeiro, sua loja ficava na rua da Quitanda, esquina com a rua São Pedro. Atuou como vendedor e editor de livros entre 1810 e 1828, quando retornou a Portugal.

QUITÉRIA, Maria (1792-1853). Primeira mulher a servir no Exército brasileiro, lutou no Batalhão dos Periquitos, na Bahia. Ver mais no capítulo 7.

RATCLIFF, João Guilherme (1776-1825). Revolucionário português, participou da Revolução do Porto (1820) e da Confederação do Equador (1824). Desafeto da rainha d. Carlota Joaquina, foi preso e decapitado por ordem de d. Pedro I.

RESENDE, marquês de (Antônio Teles da Silva Caminha e Meneses, 1790-1875). Também conhecido como Teles da Silva, foi camarista de d. Pedro e diplomata, atuando nas legações brasileiras em Viena, São Petersburgo e Paris.

OS NOMES DA INDEPENDÊNCIA

ROCHA, José Joaquim da (1777-1848). Maçom, fundador do Clube da Resistência, um dos articuladores do Dia do Fico. Foi redator do jornal *O Constitucional*. Ver mais no capítulo 8.

RUGENDAS, Johann Moritz (1802-58). Pintor e desenhista bávaro, esteve no Brasil entre 1822-25. Publicou *Viagem pitoresca ao Brasil* (1835). Ver mais no capítulo 9.

SÁ, Simplício Rodrigues de (1785-1839). Discípulo de Debret, pintou um dos quadros mais conhecidos de d. Pedro I, em 1826. Retratou diversos outros nomes da corte, como o amigo do imperador, Chalaça. Ver mais no capítulo 9.

SAINT-HILAIRE, Auguste de (1779-1853). Botânico e naturalista francês, deixou inúmeros relatos sobre suas viagens pelo Brasil. A obra completa, *Viagens ao interior do Brasil*, foi publicada em oito volumes entre 1830-51. Ver mais no capítulo 10.

SAMPAIO, frei Francisco de (1778-1830). Religioso e maçom, orador da loja Comércio e Artes, considerado um dos grandes intelectuais brasileiros de sua época. Foi redator do *Regulador Brasílico-Luso*, depois *Regulador Brasileiro*, e do abaixo-assinado do Dia do Fico. Ver mais no capítulo 8.

SANTOS, marquesa de. Ver DOMITILA.

SANTOS, Luiz Gonçalves dos. Ver PERERECA, padre.

SEIDLER, Carl (século XIX). Mercenário e cronista alemão, autor de um dos mais populares livros sobre a vida dos militares estrangeiros no Brasil do Primeiro Reinado, *Dez anos no Brasil*, publicado na Alemanha em 1835. Ver mais no capítulo 10.

SCHAEFFER, Georg von (1779-1836). Amigo da imperatriz d. Leopoldina e de José Bonifácio, com quem organizou um projeto de imigração com artesãos e militares alemães. Ver mais no capítulo 6.

SILVA, Antônio Carlos Ribeiro de Andrada Machado e (1773-1845). Juiz, desembargador e político brasileiro. Irmão de José Bonifácio, esteve envolvido na Revolução Pernambucana (1817). Fez parte da Assembleia Constituinte (1823) como presidente da Casa. Foi deputado por São Paulo e ministro do Império no Segundo Reinado.

SILVA, Francisco Gomes da. Ver CHALAÇA.

SILVA, Francisco Manuel da (1795-1865). Compositor e maestro, autor da melodia do Hino Nacional, em 1831. Ver mais no capítulo 9.

DRAMATIS PERSONAE

VARNHAGEN, Adolfo de (1816-78). Visconde de Porto Seguro, militar, diplomata e historiador brasileiro. Considerado o "pai" da historiografia nacional, escreveu *História geral do Brasil* (1854-57) e *História da Independência do Brasil* (1916). Ver mais no capítulo 10.

VIANA, João Mendes (?-1830). Líder maçom, venerável mestre da loja Comércio e Artes, foi responsável pela criação do Grande Oriente do Brasil. Foi redator do jornal *O Escudo da Liberdade do Brasil*. Ver mais no capítulo 8.

VEIGA, Evaristo da (1799-1837). Livreiro e jornalista, redator do jornal *A Aurora Fluminense* (1828-35), autor do Hino Constitucional Brasiliense, o Hino da Independência. Ver mais no capítulo 9.

Glossário

A lista que segue servirá como guia aos interessados pelo tema. Listamos aqui eventos, termos ou expressões mais comuns associados ao Brasil joanino, à Independência e ao Primeiro Reinado e que, de uma forma ou outra, são utilizados pela bibliografia especializada ou foram mencionados neste livro.

ANTIGO REGIME. Denominação do sistema social e político vigente na França no período anterior à Revolução Francesa (1789). Tinha como base o absolutismo, com o poder centrado nas mãos do monarca, e a divisão da sociedade em três Estados (clero, nobreza e burguesia/povo). Foi combatido pelas ideias do Iluminismo, gerando diversos movimentos revolucionários ao longo do século XIX.

AREÓPAGO DE ITAMBÉ. Sociedade secreta de orientação maçônica criada em 1796 e dissolvida em 1801 em Itambé, Pernambuco, por Manuel Arruda Câmara, que estudara em Coimbra e Montpellier. Do Areópago surgiram as academias Suassuna e do Paraíso. Teve grande influência na preparação da Revolução Pernambucana de 1817.

APOSTOLADO. O Apostolado da Nobre Ordem dos Cavaleiros de Santa Cruz foi uma sociedade secreta criada por José Bonifácio em 2 de junho de 1822. Nos moldes da maçonaria, o Apostolado defendia a independência e a integridade do Brasil a partir de uma monarquia constitucional, em oposição ao grupo liderado por Gonçalves Ledo, de orientação republicana. D. Pedro participou da reunião inaugural, sendo elevado à dignidade de "arconte-rei" e assinando com as iniciais D.P.A. e o pseudônimo "Rômulo".

AURORA FLUMINENSE, A. Jornal "Politico e Litterario" fundado em 1827, no Rio de Janeiro, por José Apolinário de Moraes (1808-33) e redigido por Francisco

OS NOMES DA INDEPENDÊNCIA

Crispiniano Valdetaro. O liberal Evaristo da Veiga passou a colaborar e por um período foi o único redator do periódico (1828-35). O jornal circulou até 1839.

BATALHÃO DOS PERIQUITOS. Apelido dado ao Terceiro Batalhão de Caçadores do Exército, ou Batalhão de Voluntários do Príncipe d. Pedro, que lutou na Bahia (1822-23) comandado por José Antônio da Silva Castro, alcunhado "Periquitão". Era composto por milícias rurais, escravizados e voluntários, entre os quais Maria Quitéria. O apelido deve-se às cores do fardamento: na falta de tecidos em cores branca, vermelha ou azul, foram usadas fazendas verdes nos punhos e golas do uniforme.

BEIJA-MÃO. Ritual diário realizado na corte portuguesa estabelecida no Rio de Janeiro. A solenidade, de tradição medieval, consistia em fazer o súdito se ajoelhar e beijar a mão do monarca e de membros da família real em sinal de respeito e subserviência. A cerimônia deu origem ao transporte público no Brasil, já que, em 1817, Sebastião Fábregas Surigué recebeu o direito de explorar o serviço de coches entre o Rio de Janeiro e a fazenda de Santa Cruz, a Quinta da Boa Vista ou onde estivesse d. João VI. Mesmo abolido em Portugal, continuou a ser usado no Brasil por d. Pedro I e d. Pedro II.

BERNARDA. Expressão corrente na época da Independência. Viria de "bernardices" ou "bernardinas", sinônimos de tolices ou asneiras, referência aos frades beneditinos diante das reformas realizadas por são Bernardo. Os militares portugueses usavam a expressão para designar uma conspiração militar. No Brasil, passou a ser associada a qualquer movimento popular, motim ou revolta após Tomás Antônio Vilanova Portugal (1755-1839), absolutista e ministro de d. João VI, chamar de "bernarda" a Revolução Liberal do Porto, em 1820. Como "bernardas" ficaram conhecidas as revoltas de 26 de fevereiro e 5 de julho de 1821, ocorridas no Rio de Janeiro, e a de 23 de maio de 1822, em São Paulo, a "Bernarda de Francisco Ignácio".

BONIFÁCIA. Nome dado à devassa aberta em 2 de novembro de 1822, na qual José Bonifácio se vingou de antigos opositores, defensores da república, dando início a uma série de prisões e deportações. Seu principal inimigo, Gonçalves Ledo, precisou fugir para Buenos Aires.

BRASILEIRO. O gentílico ainda não estava consagrado na época da Independência (em 1706 ainda era grafado "brazileiro"; em 1791, "brasileiro"). Originalmente, designava quem trabalhava com o pau-brasil ou o português que do Brasil voltava à Europa rico. Ou seja, havia uma conotação pejorativa – as Cortes denomina-

GLOSSÁRIO

vam d. Pedro de "O Brasileiro". Hipólito da Costa, editor do primeiro jornal brasileiro, editado em Londres, defendia que o termo correto para os nascidos no Brasil seria "brasiliense", reservando "brasileiro" aos portugueses residentes no país. Por isso, seu jornal chamava-se *Correio Braziliense*. "Brasileiro" passou a se consolidar como adjetivo pátrio com a Constituição de 1824.

CISPLATINA (província, guerra). Parte do antigo vice-reino espanhol do Rio da Prata, a Banda Oriental foi ocupada por d. João VI em 1816 e anexada ao território do Reino Unido de Portugal, Brasil e Algarves com o nome de Província Cisplatina, em 1821. Em 1822, a província permaneceu ligada ao Brasil, mas declarou guerra a d. Pedro I em 10 de dezembro de 1825. Com apoio das Províncias Unidas do Rio da Prata (futura Argentina), lutou por mais de dois anos contra o império, quando finalmente um tratado de paz foi firmado em 28 de agosto de 1828, ficando a Cisplatina independente do Brasil com o nome de República Oriental do Uruguai.

CLUBE DA RESISTÊNCIA. Grupo criado no fim de 1821 e liderado pelo maçom José Joaquim da Rocha, em cuja casa, na rua da Ajuda, 64, os membros se reuniam com o objetivo de trabalhar para que d. Pedro permanecesse no Brasil e, depois do Dia do Fico, pela Independência. Também era conhecido como "Clube da Rua da Ajuda". Entre as atividades do grupo estava a intensa propaganda entre os populares.

CRISTO, Ordem de. Ordem honorífica portuguesa e brasileira com origem na Ordem Militar de Cristo, criada em 1319. Era dividida em hábito, comenda e grã-cruz. Durante o reinado de d. João VI, mais de 4 mil condecorações foram concedidas. Seu filho, d. Pedro, outorgou mais de 2,6 mil títulos da Imperial Ordem de Cristo. O imperador brasileiro criou a Imperial Ordem do Cruzeiro (1822) e a Imperial Ordem da Rosa (1829).

CONFEDERAÇÃO DO EQUADOR. Movimento de caráter republicano e separatista surgido em Pernambuco em protesto contra a Constituição outorgada por d. Pedro I no Rio de Janeiro. Em 2 de julho de 1824, Manuel de Carvalho Paes de Andrade proclamou a Confederação do Equador, uma nova república na América que deveria reunir as províncias do Nordeste e do Grão-Pará. O movimento foi sufocado em setembro de 1824 e muitos dos principais líderes foram executados no ano seguinte, entre eles frei Caneca e João Guilherme Ratcliff.

CONJURAÇÃO BAIANA (Revolta dos Alfaiates, Conspiração de Búzios ou Inconfidência Baiana). Movimento popular de caráter separatista que defendia a

OS NOMES DA INDEPENDÊNCIA

instalação de uma república, o livre-comércio e a igualdade racial. Recebeu o nome de Revolta ou Conspiração dos Alfaiates devido ao número de alfaiates envolvidos, contando com o apoio das camadas mais baixas da sociedade, o que incluía alfaiates, sapateiros e escravizados. Iniciada em 12 de agosto de 1798, em Salvador, a revolta foi duramente reprimida. Os rebeldes foram açoitados, degredados ou executados em 8 de novembro de 1799. Entre seus líderes estava Cipriano Barata.

CONSTITUCIONAIS. Assim eram chamados os defensores de um sistema constitucional. Em 1822, passou a identificar o grupo que desejava a elaboração de uma Constituição para o Brasil. Estavam divididos entre "exaltados" (democráticos) e "moderados" (defensores da monarquia constitucional).

CONSTITUCIONAL, O. Jornal criado por José Joaquim da Rocha e pelo padre Belchior. Circulou em 1821 e 1822, tendo apenas 35 edições.

CONSTITUIÇÃO DA MANDIOCA. Apelido dado ao anteprojeto da Constituição (1823) que acabou não vingando, sendo derrubado por d. Pedro I, que fechou a Assembleia e impôs a primeira Constituição brasileira (1824). Recebeu esse nome porque estabelecia como critério censitário o preço da farinha de mandioca.

CORCUNDAS. Grupo de opositores aos constitucionais, eram também chamados de "anticonstitucionais". Defendiam o absolutismo, forma de governo centralizada na figura do monarca, sem que este prestasse obediência a uma Constituição.

CORREIO BRAZILIENSE. Considerado o primeiro jornal brasileiro, editado e publicado em Londres por Hipólito José da Costa entre junho de 1808 e dezembro de 1822, tendo, ao todo, 175 edições, com 96 a 150 páginas *in-oitavo*, agrupadas em 29 volumes. Com cerca de quinhentas assinaturas, o jornal chegava ao Brasil depois de uma viagem marítima que podia durar até três meses.

CORREIO REAL. Na época da Independência, era encarregado do sistema de comunicação entre a corte, no Rio de Janeiro, as demais capitanias do Brasil e o império ultramarino português. Consistia na remessa de cartas e documentos manuscritos da administração lusa, despachados por funcionários que atuavam por via marítima ou terrestre, utilizando navios, cavalos ou mulas como meio de transporte.

CORTES. As Cortes portuguesas era uma assembleia consultiva convocada pelo monarca e composta tradicionalmente por representantes do clero, nobreza e povo. A última convocação ocorrera em 1697. As Cortes Gerais Extraordinárias e Constituintes da Nação Portuguesa, ou Cortes Constituintes de 1820,

180

GLOSSÁRIO

porém, foram convocadas pela Junta Provisional do Supremo Governo do Reino após a Revolução do Porto com o intuito de elaborar uma Constituição liberal para Portugal. Reunida em sessões realizadas de 24 de janeiro de 1821 a 4 de novembro de 1822, as Cortes exigiram o retorno de d. João VI a Lisboa e estabeleceram a "recolonização" do Brasil, que perdeu o status de reino e foi dividido em províncias autônomas.

CUMPRA-SE. Decreto assinado pelo então regente d. Pedro em 4 de maio de 1822, determinava que qualquer ordem vinda de Portugal só poderia ser executada mediante o "Cumpra-se" assinado por ele.

DIA DO FICO. Em 9 de janeiro de 1822, contrariando as ordens das Cortes portuguesas, que exigiam seu retorno imediato a Lisboa, d. Pedro decidiu permanecer no Brasil. Teria dito: "Como é para o bem de todos e felicidade geral da nação, estou pronto; diga ao povo que fico."

DIÁRIO FLUMINENSE. Um dos mais importantes jornais do Primeiro Reinado, periódico do governo. Inicialmente chamado de *Diário do Governo* (2 de janeiro de 1823 a 20 de maio de 1824), teve como redatores frei Sampaio (1823-5) e cônego Januário Barbosa (1826-30). Circulou de 21 de maio de 1824 a 24 de abril de 1831. Era impresso na Tipografia Nacional.

DIVISÃO AUXILIADORA. Comandada pelo tenente-general Jorge Avilez, comandante das Armas, foi trazida ao Brasil por ocasião da Revolução Pernambucana, em 1817. De 1820 a 1822, foi o braço armado das Cortes no Rio de Janeiro, contando com cerca de 2 mil homens. Em 11 de fevereiro de 1822, tentou fazer embarcar o regente d. Pedro de volta a Lisboa, mas foi expulsa por uma força de aproximadamente 10 mil partidários da causa brasileira, sendo obrigada a deixar o Rio de Janeiro em 15 de fevereiro.

DOIS DE JULHO. Foi no dia 2 de julho de 1823 que as tropas portuguesas foram expulsas da Bahia, com a entrada do Exército Libertador em Salvador.

ENCOURADOS DO PEDRÃO (Guerrilha Imperial dos Voluntários de Pedrão ou Companhia da Cavalaria de Couraças). Grupo de quarenta vaqueiros e sertanejos liderado pelo frei José Maria Brayner, que lutou pela Independência na Bahia em 1823.

ESCUDO DA LIBERDADE DO BRASIL. Jornal editado em Recife, entre julho e novembro de 1823, por João Mendes Viana e pelo padre Francisco Agostinho Gomes. Sua epígrafe era *Rerum novus nascitur ordo* ("Nasce entre nós uma nova ordem de coisas").

OS NOMES DA INDEPENDÊNCIA

EXÉRCITO LIBERTADOR. Ver EXÉRCITO PACIFICADOR.

EXÉRCITO PACIFICADOR. Como ficou conhecido o Exército brasileiro, que lutou contra as tropas portuguesas estacionadas em Salvador, na Bahia (1823). O termo é mais comum em fontes primárias, sendo hoje mais popular na bibliografia como Exército Libertador.

EXPEDIÇÃO LANGSDORFF. Expedição científica russa organizada e chefiada pelo barão alemão Georg von Langsdorff, estabelecido no país desde 1813 como cônsul-geral da Rússia no Rio de Janeiro. Com patrocínio do tsar e quase trinta cientistas, percorreu 17 mil quilômetros pelo interior do Brasil, entre 1822 e 1829. Trouxe ao Brasil, entre outros, o pintor Rugendas.

GRANDE ORIENTE DO BRASIL (Grande Oriente Brasílico ou Grande Oriente). Criado em 17 de junho de 1822 com a união das três lojas maçônicas do Rio de Janeiro (Comércio e Artes, União e Tranquilidade e Esperança de Niterói). A iniciativa partira de João Mendes Viana, grão-mestre da loja Comércio e Artes.

GUARDA DE HONRA. Tropa composta por voluntários do vale do Paraíba que se integraram à comitiva do então príncipe regente d. Pedro em seu caminho até São Paulo, em agosto e setembro de 1822. Comandada pelo coronel Antônio Leite Pereira da Gama Lobo, a guarda de honra foi composta por 28 militares. Depois da Independência, a Imperial Guarda de Honra foi criada oficialmente em 1º de dezembro de 1822.

GUARDA-ROUPA. Membro da nobreza portuguesa ou brasileira a partir de 1822 responsável pela vestimenta do monarca. Na época da Independência, o guarda-roupa de d. Pedro I era o militar Joaquim Maria da Gama Freitas Berquó, mais tarde marquês de Cantagalo.

GUATIMOZIN, Irmão. Codinome usado por d. Pedro I na maçonaria. Guatimozin era o nome dado pelos espanhóis ao último imperador asteca, Cuauhtémoc (1496-1525), sucessor de Montezuma (1466-1520). Guatimozin fora supliciado pelos invasores e havia se tornado símbolo de heroísmo, o que correspondia aos anseios de d. Pedro.

GUERRAS DA INDEPENDÊNCIA. Assim chamado o período de 1821 a 1825, que compreende os acontecimentos imediatamente anteriores ao Sete de Setembro e à consolidação da Independência, com a promulgação da Constituição (1824), a repressão ao último movimento republicano e separatista, a Revolução Pernambucana e o reconhecimento externo (1825).

GLOSSÁRIO

ILUMINISMO. Movimento europeu do século XVIII, o "século das luzes", caracterizado pelo uso da racionalidade e da ciência em detrimento dos dogmas religiosos. O conceito foi criado pelo filósofo alemão Immanuel Kant em 1784 para definir a filosofia dominante na Europa daquele século – do alemão *Aufklärung*, "esclarecimento". Entre os principais pensadores da época estavam Voltaire, Rousseau, Diderot e Montesquieu. As ideias iluministas foram fundamentais para a derrocada do Antigo Regime.

INCONFIDÊNCIA MINEIRA. Movimento político também conhecido como Conjuração Mineira. De natureza separatista e republicana, contou com diversas personalidades coloniais importantes, tendo como principal propagador o alferes Tiradentes. É considerado um dos mais importantes movimentos de independência do Brasil colônia, muito embora os inconfidentes tenham sido presos e desarticulados antes da deflagração da revolta, em 1789.

INSTITUTO HISTÓRICO E GEOGRÁFICO BRASILEIRO (IHGB). Ideia do cônego Januário e do brigadeiro Raimundo da Cunha Matos em reunião do conselho administrativo da Sociedade Auxiliadora da Indústria Nacional, no Rio de Janeiro, em 18 de agosto de 1838, a criação do IHGB foi aprovada em 19 de outubro do mesmo ano, sendo oficialmente instalado em 21 de outubro. Visava coletar documentos, promover expedições e elaborar relatórios e publicações relevantes para a história do Brasil. Até hoje é uma das mais importantes instituições de pesquisa e preservação documental do país.

IPIRANGA, Riacho. Curso d'água que desemboca no rio Tamanduateí, que, por sua vez, abastece o rio Tietê, em São Paulo. Local onde o então príncipe regente d. Pedro proclamou a Independência em 7 de setembro de 1822. Em tupi-guarani, Ipiranga significa "rio vermelho", alusão à água barrenta do arroio.

LIBERALISMO (liberais ou liberal). O liberalismo surgiu no século XVIII a partir do Iluminismo, atingindo seu auge no século XIX. Pode ser dividido em liberalismo econômico e político. Sua origem está na burguesia em ascensão econômica e ansiosa por seu lugar no poder, livre das amarras do absolutismo e da Igreja. No Brasil da década de 1820, "liberal" tinha um significado oposto ao de servil, estando associado àquele que desejava "o bem de sua pátria" e que tinha apego à liberdade, à ordem e às leis.

LIVRO DOS HERÓIS E HEROÍNAS DA PÁTRIA (ou Livro de Aço). Localizado no Panteão da Pátria e da Liberdade Tancredo Neves, na praça dos Três Poderes, em Brasília, o livro foi inaugurado em 1989. Confeccionado em páginas de

OS NOMES DA INDEPENDÊNCIA

aço, lista nomes que foram oficialmente reconhecidos como personagens fundamentais, com "excepcional dedicação e heroísmo", na construção da história brasileira. As primeiras personalidades inseridas foram Tiradentes e o marechal Deodoro da Fonseca. A inclusão dos nomes no livro requer aprovação do Senado e da Câmara dos Deputados e a sanção do presidente da República.

MALAGUETA, A. Jornal de cunho nacionalista e crítico favorável à Independência, publicado no Rio de Janeiro por Luís Augusto May. Circulou em edições semanais de agosto de 1821 a dezembro de 1833.

MISSÃO ARTÍSTICA FRANCESA. Grupo de artistas franceses liderado por Joachim Lebreton e amparado por d. João VI. Tendo chegado ao Brasil em 26 de março de 1816 a bordo do navio *Calpe*, os artistas vinham após a queda de Napoleão, o principal patrocinador da escola neoclássica, à qual estavam ligados. Entre os artistas estavam Debret (1768-1848), Nicolas-Antoine Taunay (1755-1830), Auguste-Marie Taunay (1768-1824) e Marc Ferrez (1788-1850).

MUSEU DO IPIRANGA. Edifício-monumento localizado no Parque da Independência, em São Paulo, e inaugurado em 7 de setembro de 1895 no local onde d. Pedro proclamou a Independência, em 1822. O projeto arquitetônico é do italiano Tommaso Gaudenzio Bezzi (1844-1915), contratado em 1884 para a realização da obra, iniciada no ano seguinte. O nome oficial do Museu do Ipiranga é Museu Paulista da Universidade de São Paulo, instituição à qual o museu foi integrado em 1963. No complexo do Parque da Independência, além do museu, estão o Monumento à Independência (ou Altar da Pátria) e a Casa do Grito.

MUSEU IMPERIAL. Instituição instalada no antigo palácio de verão do imperador d. Pedro II. A área foi comprada por d. Pedro I em 1830 e as obras tiveram início em 1845, sendo concluídas em 1862. O Museu Imperial guarda aproximadamente 300 mil itens, entre acervo arquivístico, bibliográfico e museológico, que contam a história da família imperial e do Brasil império.

MUSEU HISTÓRICO NACIONAL. Criado em 1922 pelo presidente Epitácio Pessoa por ocasião do Centenário da Independência. Localizado no complexo arquitetônico da Ponta do Calabouço, cuja origem remonta ao século XVII, encontra-se entre as praias de Piaçaba e Santa Luzia, no centro do Rio de Janeiro. A instituição reúne 258 mil itens, entre objetos de arte, documentos e livros.

MUSEU NACIONAL. Ver SÃO CRISTÓVÃO, palácio de.

NOITE DAS GARRAFADAS. Confronto entre portugueses e brasileiros ocorrido no Rio de Janeiro, em 13 de março de 1831. Os portugueses planejavam uma

GLOSSÁRIO

festa pelo retorno do imperador, que havia feito uma viagem a Minas Gerais. Porém, a presença de um grupo de liberais brasileiros, opositores do imperador, fez com que os lusitanos arremessassem contra eles garrafas e cacos das janelas. O evento precipitou a abdicação de d. Pedro I, em abril.

PARTIDO. Na época da Independência, não identificava um conjunto de indivíduos com organização pública e aberto à filiação, com ideologia e programa definidos, mas simplesmente um grupo que se posicionava a favor ou contra alguma prática política. Também eram usados termos como "facção" ou "seita". Em 1822 havia três "partidos": o partido português (comerciantes e militares que não queriam a independência brasileira); o partido brasileiro (proprietários rurais, comerciantes portugueses e brasileiros que desejavam liberdade comercial e uma monarquia dual, com Brasil e Portugal); e o partido liberal (profissionais liberais de classe média que defendiam a ideia de uma república).

PÉ DE CHUMBO. Inicialmente era uma referência à Divisão Auxiliadora, a "Divisão Pé de Chumbo" (janeiro de 1822), mas passou a designar todos os portugueses após a convocação da Assembleia Constituinte (junho de 1822). Ao fim de 1822, designava um partido ou facção, "chumbático" ou "chumbismo", contrário à Independência. A origem da expressão é uma referência à sola dos calçados dos soldados lusitanos, cheia de cravos ou pregos.

PÉ DE CABRA. Assim eram chamados os brasileiros em oposição aos portugueses pés de chumbo. Os "pés de cabra" se destacavam pela agilidade, motivo pelo qual "pé de chumbo" passou a designar um indivíduo vagaroso.

PEDREIROS-LIVRES. Assim eram chamados os membros da maçonaria. O termo surgiu na Idade Média, com as corporações de pedreiros, que tinham como finalidade prestar auxílio mútuo, além de servir de escola e aperfeiçoamento. Em especial, um grupo de pedreiros trabalhava com uma pedra calcária conhecida como *freestone*. Daí teria surgido o termo inglês *freemason*, ou seja, "pedreiro-livre", já que, na época, para exercer o ofício o homem deveria ser necessariamente livre e não servo. Mais tarde o termo foi traduzido para o francês *franc-maçon*, de onde vem a expressão franco-maçonaria ou apenas maçonaria.

PRAÇA DO ROCIO (ROSSIO). Localizada no Centro do Rio de Janeiro, foi nomeada Praça da Constituição em 1821, por ter d. Pedro jurado a Constituição portuguesa no Real Teatro São João (hoje teatro João Caetano), localizado nas proximidades. Em 1862, uma estátua equestre do monarca foi construída no lugar. Em 1890, recebeu o nome atual: praça Tiradentes.

OS NOMES DA INDEPENDÊNCIA

QUINTA DA BOA VISTA. Ver SÃO CRISTÓVÃO, palácio de.

REBELIÃO DE AVILEZ. Assim chamado o confronto ocorrido logo após o Dia do Fico, em 11 de fevereiro de 1822, entre as tropas do tenente-general Jorge Avilez, comandante da Divisão Auxiliadora, e os partidários da causa brasileira. Derrotada, a Divisão Auxiliadora retornou a Portugal.

REGIMENTOS DE ESTRANGEIROS (Corpo de Estrangeiros ou Batalhões de Estrangeiros). Criado por decreto imperial em 8 de janeiro de 1823, era um corpo do Exército imperial composto por quase 3 mil soldados, imigrantes alemães e irlandeses sob o comando de oficiais de diversas nacionalidades europeias. Formaram quatro batalhões: dois de granadeiros (o 2º B.G. e o 3º B.G.) e dois de caçadores (o 27º B.C. e o 28º B.C., este chamado de "Batalhão do Diabo"). Formaram também o Corpo de Engenheiros e o Corpo de Lanceiros Imperiais. Os granadeiros guarneciam a capital e a família real, enquanto os caçadores participaram das campanhas na Cisplatina e na Confederação do Equador.

REGULADOR BRASILEIRO. Criado em 29 de julho de 1822, inicialmente *Regulador Brasílico-Luso*, depois *Regulador Brasileiro*, o periódico era redigido por frei Sampaio para dar apoio ao grupo de José Bonifácio e à ideia de monarquia constitucional. Combatia o *Revérbero Constitucional Fluminense,* de tendência republicana. Era impresso na Tipografia Nacional.

REPÚBLICA DO CRATO. Proclamada em 3 de maio de 1817 na região do Cariri por José Martiniano de Alencar, fazia parte dos desdobramentos da Revolução Pernambucana. Durou apenas oito dias e foi reprimida por forças imperiais.

REVÉRBERO CONSTITUCIONAL. Jornal de tendência republicana criado por Gonçalves Ledo e pelo cônego Januário para defender a separação do Brasil de Portugal. O *Revérbero Constitucional Fluminense*, impresso nas oficinas Moreira & Garcez, circulou de 15 de setembro de 1821 a 8 de outubro de 1822, primeiro em edições quinzenais e, depois, alcançando periodicidade semanal.

REVOLUÇÃO LIBERAL. Ver REVOLUÇÃO DO PORTO.

REVOLUÇÃO DO PORTO. Também conhecida por Revolução Liberal ou Revolução de 1820. Eclodiu na cidade do Porto em 24 de agosto de 1820 e deu fim ao Antigo Regime português. Os insurgentes, comerciantes, militares e magistrados instalaram a Junta Provisional do Governo Supremo do Reino e a Junta Provisional Preparatória para as Cortes, encarregadas de preparar uma Constituição para Portugal, o que ocorreu em 23 de setembro de 1822. As notícias da revolução chegaram ao Brasil em 17 de outubro de 1820, alterando as

GLOSSÁRIO

relações entre os dois lados do Atlântico: em fevereiro de 1821, d. João jurou a Constituição e, dois meses depois, retornou a Portugal. Em setembro de 1822, d. Pedro declarou o Brasil independente.

REVOLTA DOS ALFAIATES. Ver CONJURAÇÃO BAIANA.

REVOLUÇÃO PERNAMBUCANA (Revolução de 1817 ou Revolução dos Padres). Movimento de caráter separatista e republicano, com influência do Iluminismo e da maçonaria, que eclodiu no Recife em 6 de março de 1817 e foi sufocado pelo governo joanino em 20 de maio. Também alcançou outras províncias, embora com menor impacto (no Ceará a revolta durou apenas oito dias). Diversos líderes foram executados, e quase 250 indivíduos, presos (11% deles eclesiásticos).

PAÇO IMPERIAL. Localizado na atual praça Quinze de Novembro, no Rio de Janeiro, a edificação começou a ser construída em 1738 por Gomes Freire de Andrade, conde de Bobadela, para ser sede do governo, a Casa dos Governadores. Em 1763, com a mudança da capital de Salvador para o Rio, passou a ser lugar de despachos dos vice-reis do Brasil, o palácio dos Vice-Reis. Com a chegada de d. João VI, em 1808, passou a sediar o governo português como Paço Real. Lá foi instalada a sala do trono e eram realizadas as cerimônias oficiais. Depois do Sete de Setembro, foi renomeado Paço Imperial. No Paço, d. João e d. Pedro despachavam. O primeiro foi aclamado rei, e o segundo, ovacionado no Dia do Fico. Também no Paço foi sancionada a Lei Áurea, em 1888.

PIRAJÁ, Batalha de. Confronto entre tropas brasileiras e portuguesas, com aproximadamente 3,5 mil combatentes. Ocorreu em 8 de novembro de 1822, em Salvador, Bahia. Os portugueses eram liderados pelo general Inácio Luís Madeira de Melo, e os brasileiros, pelo major José de Barros Falcão de Lacerda e pelo general francês Pierre Labatut.

SÃO CRISTÓVÃO, palácio de. Originalmente propriedade de um rico comerciante, o traficante de escravizados Elias Antônio Lopes, o casarão da Quinta da Boa Vista foi doado ao então príncipe regente d. João quando da chegada da família real ao Brasil, em 1808, e chamado, a partir de então, de Paço ou palácio Real e, depois de 1822, palácio Imperial. Foi moradia da família real/imperial até 1889. Em 1892, foi instalado no lugar o Museu Nacional, criado em 1818 e sediado no Campo de Santana. No antigo palácio de São Cristóvão funciona o Museu Nacional da Universidade Federal do Rio de Janeiro, um dos maiores museus de antropologia e de história natural do mundo, destruído por um incêndio em 2018.

OS NOMES DA INDEPENDÊNCIA

SENTINELA DA LIBERDADE. Jornal criado em 9 de abril de 1823 por Cipriano Barata e editado por ele até 2 de agosto de 1835 em oposição ao governo de d. Pedro I e à influência de José Bonifácio. O título do periódico era seguido pela identificação do local onde era escrito, passando, inclusive, por várias prisões, em Pernambuco, Bahia e Rio de Janeiro. A *Sentinela da Liberdade*, de Barata, não pode ser confundido com o *Sentinela da Liberdade à Beira-Mar da Praia Grande*, publicado em 1823, no Rio de Janeiro, e influenciado por José Bonifácio.

SETE DE ABRIL. Em 7 de abril de 1831, d. Pedro I abdicou do trono em favor do filho d. Pedro de Alcântara, futuro d. Pedro II.

SETE DE SETEMBRO. Em 7 de setembro de 1822, d. Pedro I proclamou a Independência do Brasil às margens do Ipiranga, em São Paulo.

TAMOYO, O. Periódico de oposição a d. Pedro I, dirigido por José Bonifácio e Vasconcelos de Drummond. O nome tem origem na tribo indígena de maior resistência à dominação portuguesa. Circulou de 23 de agosto a 11 de novembro de 1823.

TEATRO SÃO JOÃO. Localizado na praça (ou largo) do Rocio ou Rossio (atual praça Tiradentes), foi inaugurado em 12 de outubro de 1813 e comportava 1,2 mil pessoas e quatro ordens de camarotes. Além de apresentações de peças teatrais e óperas, o teatro era palco de celebrações da família real. Ali, em 26 de fevereiro de 1821, d. João VI jurou a Constituição portuguesa, tendo d. Pedro feito o mesmo no dia 5 de junho. Ao longo do tempo, recebeu os nomes de Imperial Teatro São Pedro de Alcântara, teatro Constitucional Fluminense e a denominação atual, teatro João Caetano, em 1923. Totalmente destruído por um incêndio, foi reconstruído e reinaugurado em 1930.

TYPHIS PERNAMBUCANO. Periódico criado por frei Caneca. Circulou semanalmente de 25 de dezembro de 1823 a 5 de agosto de 1824. Foi impresso na Tipografia de Miranda & Cia., com exceção dos dois últimos exemplares, impressos na Tipografia Nacional. O nome é uma referência a Tífis, timoneiro dos argonautas, tripulantes do Argo, na mitologia grega.

VEADOR. Empregado que servia à rainha ou imperatriz, no Paço ou fora dele; camarista. Não confundir com vedor, "fiscal".

Cronologia

22 jan. 1808 | A família real portuguesa chega a Salvador. Em março, desembarcaria no Rio de Janeiro, a nova capital.

28 jan. 1808 | D. João VI abre os portos do Brasil às nações amigas e encerra o isolamento colonial.

16 dez. 1815 | D. João VI eleva o Brasil à condição de Reino Unido a Portugal e Algarves.

6 mar. 1817 | Eclode em Recife a Revolução Pernambucana (março/maio de 1817).

24 ago. 1820 | Tem início a Revolução Liberal do Porto, que exige a volta da família real a Portugal.

24 jan. 1821 | As Cortes se reúnem no palácio das Necessidades, em Lisboa.

19 fev. 1821 | As Cortes ordenam o retorno da família real a Portugal.

22 abr. 1821 | D. João VI nomeia d. Pedro regente do Brasil.

25 abr. 1821 | D. João VI e a família real deixam o Brasil.

5 jun. 1821 | D. Pedro jura a Constituição portuguesa.

9 jan. 1822 | Dia do Fico: d. Pedro decide permanecer no Brasil.

9 fev. 1822 | Expulso por d. Pedro, Avilez deixa o Brasil a bordo da fragata *União*.

4 mai. 1822 | D. Pedro assina o "Cumpra-se".

OS NOMES DA INDEPENDÊNCIA

13 mai. 1822 | D. Pedro recebe da loja maçônica Comércio e Artes o título de Defensor Perpétuo do Brasil.

3 jun. 1822 | A Assembleia Geral Constituinte e Legislativa Brasileira é convocada.

1º ago. 1822 | Gonçalves Ledo lança o *Manifesto aos povos do Brasil*.

6 ago. 1822 | D. Pedro publica o *Manifesto do príncipe regente aos governos e nações amigas*, texto redigido por José Bonifácio.

2 set. 1822 | Em reunião do Conselho de Estado, convocado e presidido por d. Leopoldina, define-se a opção pela Independência do Brasil.

7 set. 1822 | D. Pedro declara a Independência às margens do riacho Ipiranga, em São Paulo.

18 set. 1822 | Por decreto, são criados os símbolos da nova nação (brasão de armas e bandeira).

12 out. 1822 | D. Pedro é aclamado imperador constitucional do Brasil, no Rio de Janeiro.

2 nov. 1822 | Tem início a "Bonifácia", perseguição aos inimigos de José Bonifácio, que serão presos e exilados.

1º dez. 1822 | D. Pedro I é coroado e sagrado imperador do Brasil na Capela Imperial, Rio de Janeiro.

3 mai. 1823 | A Assembleia Geral Constituinte é instalada.

12 nov. 1823 | D. Pedro ordena o fechamento da Assembleia Geral Constituinte.

25 mar. 1824 | D. Pedro outorga a primeira Constituição brasileira (1824-91).

26 mai. 1824 | Os Estados Unidos reconhecem a independência do Brasil.

2 jul. 1824 | Eclode em Recife a Confederação do Equador, movimento republicano e separatista (julho/novembro de 1824).

13 jan. 1825 | Frei Caneca é executado em Recife.

29 ago. 1825 | Portugal reconhece a independência do Brasil. No mesmo ano, Inglaterra (outubro), França (outubro) e Áustria (dezembro) fazem o mesmo.

CRONOLOGIA

10 dez. 1825 | Guerra Cisplatina: o Brasil declara guerra às Províncias Unidas do Prata (Argentina).

10 mar. 1826 | D. João VI falece em Lisboa. D. Pedro I assume o trono português com o nome de d. Pedro IV (março/maio de 1826).

11 dez. 1826 | A imperatriz d. Leopoldina falece no Rio de Janeiro.

27 ago. 1828 | É assinado o tratado de paz entre Brasil e Argentina. A Cisplatina se torna independente, com o nome de Uruguai.

2 ago. 1829 | D. Pedro I casa-se, por procuração, em Munique, com d. Amélia de Leuchtenberg. O casamento é realizado em 17 de outubro de 1829 na Capela Imperial, no Rio de Janeiro.

7 abr. 1831 | D. Pedro I abdica do trono em favor de seu filho d. Pedro de Alcântara, futuro imperador d. Pedro II, e parte para a Europa.

1844 | Moreaux apresenta o quadro *A proclamação da Independência*.

1888 | Pedro Américo apresenta na Itália o famoso quadro *Independência ou morte* ou *Grito do Ipiranga*.

1922 | Georgina de Albuquerque pinta o quadro *Sessão do Conselho de Estado*, o primeiro a apresentar uma mulher como protagonista da Independência.

1954 | Os restos mortais de d. Leopoldina são transladados do Rio de Janeiro para o Museu do Ipiranga, em São Paulo.

1972 | Os restos mortais de d. Pedro I são transladados de Portugal para o Museu do Ipiranga, em São Paulo.

2022 | O coração de d. Pedro I é trazido de Portugal e exposto no Brasil durante as comemorações do Bicentenário. O órgão do imperador repousa na igreja de Nossa Senhora da Lapa, na cidade do Porto.

Notas

1. D. PEDRO I

1. Otávio Tarquínio de Sousa, *A vida de d. Pedro I*, v. 2, t. 1, p. 22; Laurentino Gomes, *1822*, p. 109; e Paulo Rezzutti, *D. Pedro I*, p. 106.
2. Otávio Tarquínio de Sousa, *op. cit.*, v. 2, t. 1, p. 176; Carlos Oberacker Jr., *A imperatriz Leopoldina*, p. 38; e Carl Schlichthorst, *O Rio de Janeiro como é*, p. 60.
3. Rodrigo Trespach, *Às margens do Ipiranga*, p. 26.
4. AHMI, carta de 19 jun. 1822.
5. Rodrigo Trespach, *op. cit.*, p. 124.
6. Senado Federal, *Falas do trono*, pp. 103-6.
7. Ibidem.
8. Otávio Tarquínio de Sousa, *José Bonifácio*, p. 227.

2. TESTEMUNHAS DO GRITO DO IPIRANGA

1. Francisco Gomes da Silva, *Memórias do Chalaça*, p. 18.
2. João Armitage, *História do Brasil*, p. 191; Tobias Monteiro, *O Primeiro Reinado*, v. 2, p. 25.
3. Rodrigo Trespach, *Às margens do Ipiranga*, pp. 106-7.
4. Ver relato do barão em A. J. de M. Moraes, *História do Brasil-Reino e Brasil-Império*, pp. 382-3.
5. O relato completo do padre consta em F. Assis Cintra, *D. Pedro I e o grito da Independência*, pp. 211-3.

OS NOMES DA INDEPENDÊNCIA

3. A CORTE

1. Manuel de Oliveira Lima, *D. João VI no Brasil*, p. 21.
2. Tobias Monteiro, *História do Império*, v. 1, pp. 97-103.
3. Ver relatos sobre d. Carlota em Duquesa de Abrantes, *Recordações de uma estada em Portugal*. Também em Otávio Tarquínio de Sousa, *A vida de d. Pedro I*, v. 2, t. 1.
4. Isabel Lustosa, *D. Pedro I*, p. 63.
5. Maria Graham, *Diário de uma viagem ao Brasil*, p. 297.
6. Bettina Kann e Patrícia Souza Lima, *Cartas de uma imperatriz*, pp. 351 e 389; Rodrigo Trespach, *Às margens do Ipiranga*, p. 98; e Vasconcelos de Drummond, *Anotações*, p. 103.
7. Baronne du Montet, *Souvenirs de la baronne du Montet*, p. 175; e Julius Mansfeldt, *Meine Reise nach Brasilien im Jahre 1826*, v. 1, p. 167.
8. Maria Graham, *Correspondência entre Maria Graham e a imperatriz dona Leopoldina*, p. 145; Carl Seidler, *Dez anos no Brasil*, p. 127; Eduardo Teodoro Bösche, "Quadros alternados", p. 180; e Maria Graham, *Diário de uma viagem ao Brasil*, p. 170.
9. C. Schlichthorst, *O Rio de Janeiro como é*, pp. 58-9; Carl Seidler, *Dez anos no Brasil*, p. 131; e Rodrigo Trespach, *op. cit.*, p. 82.
10. Paulo Rezzutti, *Titília e o Demonão*, p. 106.
11. Rodrigo Trespach, *op. cit.*, p. 85.
12. Brasil, *Cartas de Luiz Joaquim dos Santos Marrocos*, p. 213.

4. OS MONARQUISTAS

1. Maria Graham, *Correspondência entre Maria Graham e a imperatriz dona Leopoldina*, p. 73.
2. Carlos Oberacker Jr., "O Grito do Ipiranga", p. 436.
3. Rodrigo Trespach, *Às margens do Ipiranga*, pp. 19-20.
4. Isabel Lustosa, *D. Pedro I*, p. 301.
5. Vasconcelos de Drummond, *Anotações*, p. 103.

5. OS REPUBLICANOS

1. Luís Henrique Tavares, "Cipriano José Barata de Almeida", p. 74.
2. Idem.
3. Sobre o jornal e as citações a d. Pedro I, ver Cipriano Barata, *Sentinela da liberdade e outros escritos*.
4. Renato Lopes Leite, *Republicanos e libertários*, p. 42.
5. Sérgio Buarque de Holanda, *O Brasil monárquico*, v. 3, p. 214.

NOTAS

6. Evaldo Cabral de Mello, *A outra Independência*, p. 163.
7. Tobias Monteiro, *O Primeiro Reinado*, v. 1, p. 102.
8. Laurentino Gomes, *1822*, p. 228.
9. Rodrigo Trespach, *Histórias não (ou mal) contadas*, p. 56.
10. Nicola Aslan, *História geral da maçonaria*, p. 91.
11. Lúcia Pereira das Neves, *Corcundas e constitucionais*, p. 375.

6. OS ESTRANGEIROS

1. Assis Cintra, *D. Pedro I e o grito da Independência*, pp. 72-3.
2. Laurentino Gomes, *1822*, p. 200.
3. Ver detalhes sobre a biografia e atuação de Schaeffer no Brasil em Rodrigo Trespach, *1824*, capítulo "O agenciador".
4. Rodrigo Trespach, *op. cit.*, p. 178.

7. HEROÍNAS DA PÁTRIA

1. Araripe Júnior, *José de Alencar*, p. 8.
2. Senado Federal, *O ano da Independência*, p. 378.
3. Maria Graham, *Diário de uma viagem ao Brasil*, pp. 330-1. Ver também Patrícia Valim, "Maria Quitéria vai à guerra", pp. 393-8.
4. Maria Graham, *op. cit.*, p. 331.
5. Ver Heloisa Starling, *Independência do Brasil: as mulheres que estavam lá*.

8. OS MAÇONS

1. Rodrigo Trespach, *Histórias não (ou mal) contadas*, p. 113; e Nicola Aslan, *História geral da maçonaria*, p. 91.
2. Ver Hipólito da Costa Pereira, *Diário da minha viagem para Filadélfia*.
3. Sergio Goes de Paula, *Hipólito José da Costa*, p. 186.
4. Ver José Theodoro Menck, *A imprensa no processo de Independência no Brasil*.
5. Ver o jornal *Aurora Fluminense*, de 20 out. 1830, em Hemeroteca Digital.
6. Tobias Monteiro, *História do Império*, v. 1, p. 427.
7. Augusto Blake, *Diccionario bibliographico brazileiro*, v. 3, p. 118.
8. Nicola Aslan, *Pequenas biografias de grandes maçons brasileiros*, p. 110.

9. OS ARTISTAS

1. Otávio Tarquínio de Sousa, *Evaristo da Veiga*, p. 41.
2. Ibidem, p. 116.

OS NOMES DA INDEPENDÊNCIA

3. Ibidem, p. 132.
4. Monteiro Lobato, *Ideias de Jeca Tatu*, p. 73; e José Lins do Rego, *Pedro Américo*, pp. 23-4.
5. Laurentino Gomes, *1822*, p. 106.
6. Mais sobre as obras de Pedro Américo em Thélio Farias, *Além do Ipiranga*.
7. Milton Luz, *A história dos símbolos nacionais*, p. 86.

10. CRONISTAS E HISTORIADORES

1. Auguste de Saint-Hilaire, *Viagem pelas províncias do Rio de Janeiro e Minas Gerais*, p. 6.
2. Luiz Gonçalves dos Santos, *Memórias para servir à História do Reino do Brasil*, p. 21.
3. Carl Seidler, *Dez anos no Brasil*, p. 417.
4. Ibidem, p. 164.
5. Ibidem, p. 157.
6. Ver João Armitage, *História do Brasil*, edição do Senado Federal, 2011.
7. Manuel de Oliveira Lima, *D. João VI no Brasil*, p. 43.

Referências

BIBLIOGRAFIA

ABRANTES, Duquesa de. *Recordações de uma estada em Portugal (1805-1806).* Lisboa: Biblioteca Nacional de Portugal, 2008.

AMBIEL, Valdirene do Carmo. *O novo grito do Ipiranga.* São Paulo: Linotipo Digital, 2017.

ARARIPE JÚNIOR, Tristão de Alencar. *José de Alencar.* Rio de Janeiro: Typ. da Escola de Serafim José Alves, [18?].

ARMITAGE, João. *História do Brasil.* Brasília: Senado Federal, 2011.

ASLAN, Nicola. *Pequenas biografias de grandes maçons brasileiros.* Rio de Janeiro: Editora Maçônica, 1973.

_____. *A maçonaria operativa.* Rio de Janeiro: Aurora, 1975.

_____. *História geral da maçonaria.* Rio de Janeiro: Aurora, [1979].

AVILEZ, Jorge. *Participação e documentos dirigidos ao governo pelo general commandante da tropa expedicionaria.* Lisboa: Imprensa Nacional, 1822.

AZEVEDO, Francisca L. Nogueira de. *Carlota Joaquina na corte do Brasil.* Rio de Janeiro: Civilização Brasileira, 2003.

BARATA, Alexandre Mansur. *Maçonaria, sociabilidade ilustrada e Independência do Brasil, 1790-1822.* Juiz de Fora: UFJF; São Paulo: Annablume, 2006.

BARATA, Cipriano. *Sentinela da liberdade e outros escritos (1821-1835).* Organização Marco Morel. São Paulo: EdUSP, 2018.

BARREIROS, Eduardo Canabrava. *Itinerário da Independência.* Rio de Janeiro: José Olympio, 1972.

OS NOMES DA INDEPENDÊNCIA

BARROSO, Gustavo. *História militar do Brasil*. Rio de Janeiro: Biblioteca do Exército, 2000.

BETHELL, Leslie (org.). *História da América Latina*: da Independência a 1870. São Paulo: EdUSP, 2004. v. 3.

BLAKE, Augusto Victorino Alves Sacramento. *Diccionario bibliographico brazileiro*. Rio de Janeiro: Tipografia Nacional; Imprensa Nacional, 1883-1902. 7 v.

BÖSCHE, Eduardo Teodoro. "Quadros alternados de viagens terrestres e marítimas, aventuras, acontecimentos políticos, descrição de usos e costumes de povos durante uma viagem ao Brasil". In: *Revista do IHGB*. Tradução de Vicente de Souza Queirós. Tomo LXXXIII. Rio de Janeiro: Imprensa Nacional, 1918, pp. 133-241.

BRASIL. Ministério da Cultura. Fundação Biblioteca Nacional. *Cartas de Luiz Joaquim dos Santos Marrocos, escritas do Rio de Janeiro à sua família em Lisboa, de 1811 a 1821*. Rio de Janeiro: FBN, 1939. (Anais da Biblioteca Nacional, v. 56).

BRASIL. Câmara dos Deputados. *A construção da memória nacional*: os heróis no Panteão da Pátria. Brasília: Edições Câmara, 2010.

CARVALHO, Assis. *Itambé, berço heroico da maçonaria no Brasil*. Londrina: A Trolha, 1996.

CASTELLANI, José. *Os maçons na Independência do Brasil*. Londrina: A Trolha, 1993.

_____. *Histórias pitorescas de maçons célebres*. Londrina: A Trolha, 1997.

CARVALHO, José Murilo de (org.). *Linguagens e fronteiras de poder*. Rio de Janeiro: Editora FGV, 2011.

CINTRA, Francisco de Assis. *D. Pedro I e o grito da Independência*. São Paulo: Companhia Melhoramentos, 1921.

COSTA, Francisco Augusto Pereira da. *Diccionario biographico de pernambucanos celebres*. Recife: Tipografia Universal, 1882. 2 v.

COSTA, Sérgio Corrêa da. *As quatro coroas de d. Pedro I*. Rio de Janeiro: Casa do Livro, 1972.

DEL PRIORE, Mary; VENANCIO, Renato. *Uma breve história do Brasil*. São Paulo: Planeta, 2010.

DOMINGUES, Mário. *Junot em Portugal*: evocação histórica. Lisboa: Romano Torres, 1972.

DOMSCHKE, Rainer et al. (orgs.). *Deutschsprachige Brasilienliteratur:* publicações sobre o Brasil em língua alemã, 1500-1900. São Leopoldo; São Paulo: Oikos; Martius-Staden, 2011. (Edição bilíngue).

REFERÊNCIAS

DONATO, Hernâni. *Dicionário das batalhas brasileiras*. 2. ed. São Paulo: Ibrasa, 1996.

DRUMMOND, Antonio de Menezes Vasconcelos de. *Anotações de A. M. Vasconcelos de Drummond à sua biografia*. Brasília: Senado Federal; Conselho Editorial, 2012.

DU MONTET, Baronne. *Souvenirs de la baronne du Montet, 1785-1866*. Paris: Plon, 1914.

FADEL, Sergio Sahione. *150 anos de pintura no Brasil*: 1820-1970. Rio de Janeiro: Colorama, 1989.

FARIAS, Eny Kleyde Vasconcelos de. *Maria Felipa de Oliveira*: heroína da independência da Bahia. Salvador: Quarteto, 2010.

FARIAS, Thélio Queiroz. *Além do Ipiranga*: a extraordinária vida de Pedro Américo e suas incríveis facetas. Recife: Cepe; João Pessoa: A União, 2022.

FAUSTO, Boris. *História do Brasil*. 12. ed. São Paulo: EdUSP, 2007.

FLORES, Hilda Agnes Hübner. *Dicionário de mulheres*. Porto Alegre: Nova Dimensão, 1999.

FLORES, Moacyr. *Dicionário de história do Brasil*. 3. ed. Porto Alegre: EdiPUCRS, 2004.

FROTA, Guilherme de Andrea. *Quinhentos anos de história do Brasil*. Rio de Janeiro: Biblioteca do Exército, 2000.

GOMES, Laurentino. *1822*: como um homem sábio, uma princesa triste e um escocês louco por dinheiro ajudaram d. Pedro a criar o Brasil – um país que tinha tudo para dar errado. Rio de Janeiro: Nova Fronteira, 2010.

GRAHAM, Maria. *Escorço biográfico de d. Pedro I, com uma notícia do Brasil e do Rio de Janeiro em seu tempo*.Rio de Janeiro: Serviço Gráfico do Ministério da Educação, 1940. p. 68-176. (Anais da Biblioteca Nacional. v. 60).

_____. *Diário de uma viagem ao Brasil e de uma estada nesse país durante parte dos anos de 1821, 1822 e 1823*. São Paulo: Imprensa Nacional, 1956.

_____. *Correspondência entre Maria Graham e a imperatriz dona Leopoldina*. Belo Horizonte: Itatiaia, 1997.

HOLANDA, Sérgio Buarque de (dir.). *O Brasil monárquico*: o processo de emancipação. 9. ed. Rio de Janeiro: Bertrand Brasil, 2003. t. 2, v. 3. (Coleção História Geral da Civilização Brasileira).

_____. *O Brasil monárquico*: dispersão e unidade. 8. ed. Rio de Janeiro: Bertrand Brasil, 2004. t. 2, v. 4. (Coleção História Geral da Civilização Brasileira).

_____. *O Brasil monárquico*: reações e transações. 8. ed. Rio de Janeiro: Bertrand Brasil, 2004. t. 2, v. 5. (Coleção História Geral da Civilização Brasileira).

HOLANDA, Sérgio Buarque de. *Raízes do Brasil*. São Paulo: Companhia das Letras, 2007.

IPANEMA, Cybelle de; IPANEMA, Marcello de. *Silva Porto*: livreiro na corte de d. João, editor na Independência. Rio de Janeiro: Capivara, 2007.

KANN, Bettina; LIMA, Patrícia Souza (pesquisa e seleção); JANCSÓ, István [et al.] (artigos). *D. Leopoldina*: cartas de uma imperatriz. São Paulo: Estação da Liberdade, 2006.

LEITE, Renato Lopes. *Republicanos e libertários*. Rio de Janeiro: Civilização Brasileira, 2000.

LEITHOLD, Theodor von; RANGO, Ludwig von. *O Rio de Janeiro visto por dois prussianos em 1819*. São Paulo: Brasiliana, 1966.

LIMA, Manuel de Oliveira. *D. João VI no Brasil (1808-1821)*. 4. ed. Rio de Janeiro: Topbooks, 2006.

_____. *Formação histórica da nacionalidade brasileira*. Brasília: Senado Federal, 2012.

_____. *O movimento da Independência (1821-1822)*. Brasília: Fundação Alexandre de Gusmão, 2019.

LOBATO, Monteiro. *Ideias de Jeca Tatu*. São Paulo: Brasiliense, 1951.

LOPEZ, Luiz Roberto. *História do Brasil imperial*. Porto Alegre: Mercado Aberto, 1982.

LUSTOSA, Isabel. *D. Pedro I*. São Paulo: Companhia das Letras, 2006. (Perfis brasileiros).

LUZ, Milton. *A história dos símbolos nacionais*. Brasília: Senado Federal, 2005.

MANSFELDT, Julius. *Meine Reise nach Brasilien im Jahre 1826*. Magdeburg: Bänsch, 1828.

MAGALHÁES, João Batista. *A evolução militar do Brasil*. Rio de Janeiro: Biblioteca do Exército, 1998.

MENCK, José Theodoro Mascarenhas. *D. Leopoldina, imperatriz e Maria do Brasil*: obra comemorativa dos 200 anos da vinda de d. Leopoldina para o Brasil. Brasília: Câmara dos Deputados, 2017.

_____. *A imprensa no processo de Independência no Brasil*. Brasília: Câmara dos Deputados, 2022.

MELO, Francisco de Castro Canto e. Descrição da viagem do príncipe do Rio de Janeiro a São Paulo, feita pelo gentil-homem de sua câmara Francisco de Canto e Melo. In: MORAES, Alexandre José de Mello. *História do Brasil-Reino e Brasil-Império*, pp. 381-2, 1871.

REFERÊNCIAS

MELLO, Evaldo Cabral de (org.). *Frei Joaquim do Amor Divino Caneca*. São Paulo: Editora 34, 2001.

_____. *A outra Independência*: o federalismo pernambucano de 1817 a 1824. São Paulo: Editora 34, 2004.

MONTEIRO, Tobias. *História do Império*: a elaboração da Independência. Belo Horizonte; São Paulo: Itatiaia; EdUSP, 1981. 2 v.

_____. *História do império*: o Primeiro Reinado. Belo Horizonte; São Paulo: Itatiaia; EdUSP, 1982. 2 v.

MORAES, Alexandre José de Moraes. *História do Brasil-Reino e Brasil-Império...* Rio de Janeiro: Typ. de Pinheiro & Cia., 1871.

MORAIS, Alexandre José de Melo. *A Independência e o Império do Brasil*. Brasília: Senado Federal, 2004.

MOREL, Marco. Sociabilidades entre luzes e sombras: apontamentos para o estudo histórico das maçonarias da primeira metade do século XIX. *Estudos Históricos*, Rio de Janeiro, n. 28, pp. 3-22, 2001.

MOREL, Marco; BARROS, Mariana Monteiro. *Palavra, imagem e poder*. Rio de Janeiro: DP&A Editora, 2003.

NASCIMENTO, Luiz do. *História da imprensa de Pernambuco (1821-1954)*. Recife: UFPE, 1969.

NEVES, Lúcia Maria Bastos Pereira das. *Corcundas e constitucionais*: a cultura política da independência (1820-1822). Rio de Janeiro: Faperj, 2003.

_____. *O período das regências (1831-1840)*. Rio de Janeiro: J. Zahar, 2003.

OBERACKER JUNIOR, Carlos H. *A contribuição teuta à formação da nação brasileira*. Rio de Janeiro: Presença, 1968. 2 v.

_____. O grito do Ipiranga: problema que desafia os historiadores. Certezas e dúvidas acerca de um acontecimento histórico. *Revista de História*, São Paulo, n. 92, p. 411-64, 1972.

_____. *A imperatriz Leopoldina*. Rio de Janeiro: Imprensa Nacional, 1973.

_____. *Jorge Antônio von Schaeffer*. Porto Alegre: Editora Metrópole, 1975.

PAULA, Sergio Goes de (org.). *Hipólito José da Costa*. São Paulo: Ed. 34, 2001.

PEDROSA, Manuel Xavier de Vasconcellos. *A guarda de honra do príncipe dom Pedro na viagem a São Paulo*: testemunhas do grito do Ipiranga. Rio de Janeiro: IHGB, 1972.

PEIXOTO, José Maria Pinto. Duas palavras sobre d. Pedro I na época da independência. *Revista do Instituto Histórico e Geográfico Brasileiro*, Rio de Janeiro, t. 56, parte 2, p. 5-31, 1893.

PEREIRA, Hipólito da Costa. *Diário da minha viagem para Filadélfia (1798-1799)*. Brasília: Senado Federal, 2004.

PINSKY, Jaime; PINSKY, Carla Bassanezi (org.). *História da cidadania*. São Paulo: Contexto, 2008.

PRESAS, José. *Memórias secretas de d. Carlota Joaquina*. Brasília: Senado Federal, 2013.

POMBO, Rocha. *História do Brasil*. 11. ed. São Paulo: Melhoramentos, 1963.

REGO, José Lins do. *Pedro Américo*. Rio de Janeiro: Casa do Estudante, 1943.

REZZUTTI, Paulo. *D. Pedro I*: a história não contada. Rio de Janeiro: LeYa Brasil, 2015.

_____. *D. Leopoldina*: a história não contada. Rio de Janeiro: LeYa Brasil, 2017.

_____. *Titília e o Demonão*: a história não contada. Rio de Janeiro: LeYa Brasil, 2019.

SAINT-HILAIRE, Auguste de. *Viagem pelas províncias do Rio de Janeiro e Minas Gerais*. Belo Horizonte: Itatiaia, 2000.

SANTOS, Luiz Gonçalves dos. *Memórias para servir à história do reino do Brasil*. Brasília: Senado Federal, 2013.

SCHÄFER, Georg von. *O Brasil como Império independente, analisado sob o aspecto histórico, mercantilístico e político (1824)*. Santa Maria: EdUFSM, 2007.

SCHLICHTHORST, C. *O Rio de Janeiro como é (1824-1826)*. Brasília: Senado Federal, 2000.

SCHUMAHER, Schuma; BRAZIL, Érico Vital. *Dicionário mulheres do Brasil*. Rio de Janeiro: J. Zahar, 2000.

SCHWARCZ, Lilia Moritz. *As barbas do imperador*. São Paulo: Companhia das Letras, 1998.

SCHWARCZ, Lilia Moritz; STARLING, Heloisa Murgel. *Brasil, uma biografia*. 2. ed. São Paulo: Companhia das Letras, 2018.

SEIDLER, Carl Friedrich Gustav. *História das guerras e revoluções do Brasil, de 1825 a 1835*. São Paulo: Companhia Editora Nacional, 1939.

_____. *Dez anos no Brasil*. Brasília: Senado Federal, 2003.

SENADO FEDERAL. *O ano da Independência*. Brasília: Senado Federal, 2010.

_____. *Falas do trono*. Brasília: Senado Federal, 2019.

SETÚBAL, Paulo. *As maluquices do imperador*: 1808-1834. São Paulo: Geração Editorial, 2008.

SILVA, Alberto da Costa e (coord.). *Crise colonial e independência 1808-1830*. São Paulo: Objetiva, 2014. v. 1.

REFERÊNCIAS

SILVA, Elisiane da; NEVES, Gervásio Rodrigo; MARTINS, Liana Bach (org.). *José Bonifácio*. Brasília: Fundação Ulysses Guimarães, 2011.

SILVA, Francisco Gomes da. *Memorias offerecidas à nação brasileira pelo conselheiro Francisco Gomes da Silva*. Londres: L. Thompson, 1831.

_____. *Memórias do Chalaça*. Rio de Janeiro: Tecnoprint, 1966.

SILVA, Kalina Vanderlei; SILVA, Maciel Henrique. *Dicionário de conceitos históricos*. 3. ed. São Paulo: Contexto, 2017.

SILVA, Michel. *Maçonaria no Brasil*. Jundiaí: Paco Editorial, 2015.

SLEMIAN, Andréa; PIMENTA, João Paulo G. *A corte e o mundo*: uma história do ano em que a família real portuguesa chegou ao Brasil. São Paulo: Alameda, 2008.

SPIX, J. B. von; MARTIUS, C. F. P. von. *Viagem pelo Brasil (1817-1820)*. 2. ed. São Paulo: Melhoramentos, s.d.

SOUSA, Otávio Tarquínio de. *José Bonifácio*. Rio de Janeiro: Biblioteca do Exército; José Olympio, 1974.

_____. *Fatos e personagens em torno de um regime*. Belo Horizonte; São Paulo: Itatiaia; EdUSP, 1988.

_____. *História dos fundadores do Império do Brasil*: Evaristo da Veiga. Brasília: Senado Federal, 2015a.

_____. *História dos fundadores do Império do Brasil*: José Bonifácio. Brasília: Senado Federal, 2015b.

_____. *História dos fundadores do Império do Brasil*: a vida de d. Pedro I. Brasília: Senado Federal, 2015c. 3 v.

STARLING, Heloisa (org.). *Independência do Brasil*: as mulheres que estavam lá. Rio de Janeiro: Bazar do Tempo, 2022.

TAVARES, Luís Henrique Dias. *História da sedição intentada na Bahia em 1798*. São Paulo; Brasília: Pioneira; INL, 1975.

_____. Cipriano José Barata de Almeida. *Universitas*, Salvador, n. 35, pp. 61-75, jan./mar. 1986.

_____. *Da sedição de 1798 à revolta de 1824 na Bahia*. Salvador; São Paulo: EdUFBA; Unesp, 2003.

TRESPACH, Rodrigo. *Histórias não (ou mal) contadas*: revoltas, golpes e revoluções no Brasil. Rio de Janeiro: HarperCollins Brasil, 2017.

_____. *Às margens do Ipiranga*: a viagem da Independência; a jornada de d. Pedro I, do Rio de Janeiro a São Paulo, em agosto e setembro de 1822. Porto Alegre: Citadel, 2022.

OS NOMES DA INDEPENDÊNCIA

_____. *1824*: como os alemães vieram parar no Brasil, criaram as primeiras colônias, participaram do surgimento da Igreja protestante e de um plano para assassinar d. Pedro I. Porto Alegre: Citadel, 2023.

VAINFAS, Ronaldo (org.). *Dicionário do Brasil colonial (1500-1808)*. Rio de Janeiro: Objetiva, 2001.

VAINFAS, Ronaldo; NEVES, Lúcia Bastos Pereira das. *Dicionário do Brasil joanino (1808-1821)*. Rio de Janeiro: Objetiva, 2008.

VALIM, Patrícia. Maria Quitéria vai à guerra. In: FIGUEIREDO, Luciano (org.). *História do Brasil para ocupados*. Rio de Janeiro: Casa da Palavra, 2013.

VARNHAGEN, Francisco Adolfo. *História da Independência do Brasil*. Brasília: Senado Federal, 2010.

VASCONCELOS, Barão de; VASCONCELOS, Barão Smith de (org.). *Archivo Nobiliarchico Brasileiro*. Lausanne: La Concorde, 1918.

VIANA, Hélio. *Contribuição à história da imprensa brasileira (1812-1869)*. Rio de Janeiro: Imprensa Nacional, 1945.

_____. *História do Brasil*. 7. ed. Rio de Janeiro: Melhoramentos, 1970. 2 v.

VILAR, Gilberto. *Frei Caneca*: gesta da liberdade, 1779-1825. Rio de Janeiro: Mauad, 2004.

ARQUIVOS, INSTITUIÇÕES, FUNDAÇÕES E ORGANIZAÇÕES CONSULTADOS

Arquivo Histórico Museu Imperial (AHMI) | www.museuimperial.gov.br
Biblioteca Nacional (BN) | www.bn.gov.br
Câmara dos Deputados | www.camara.gov.br | www2.camara.leg.br
Centro de História e Documentação Diplomática (CHDD) | www.funag.gov.br
Grande Oriente do Brasil (GOB) | www.gob.org.br
Grande Oriente de São Paulo (GOSP) | www.gosp.org.br
Hemeroteca Digital da Fundação Biblioteca Nacional | memoria.bn.br
Instituto Histórico e Geográfico Brasileiro (IHGB) | www.ihgb.org.br
Instituto Histórico e Geográfico de São Paulo (IHGSP) | www.ihgsp.org.br
Instituto Moreira Salles (IHGSP) | www.ims.com.br/ims
José Bonifácio: Obra Completa | www.obrabonifacio.com.br

Créditos das imagens

1. Acervo da Pinacoteca do Estado de São Paulo, Brasil.
2. Acervo da Fundação Biblioteca Nacional – Brasil.
3. Acervo da Fundação Biblioteca Nacional – Brasil.
4. Acervo da Pinacoteca do Estado de São Paulo, Brasil.
5. Acervo do Museu Histórico Nacional / Ibram.
6. Acervo da Coleção Brasiliana Itaú.
7. Acervo do Museu Histórico Nacional / Ibram.
8. Joseph Kreutzinger via Wikimedia Commons.
9. Acervo do Museu Histórico Nacional / Ibram.
10. Acervo da Biblioteca Brasiliana Guita e José Mindlin.
11. Acervo Museu Paulista (USP).
12. Acervo do autor.
13. Acervo da Biblioteca Brasiliana Guita e José Mindlin.
14. Antônio Menezes Vasconcelos Drummond. Do álbum Parentes por Eduardo Cardoso Mascarenhas de Lemos, publicado em 2014.
15. Acervo Museu Paulista (USP).
16. Murillo La Greca via Wikimedia Commons.
17. Acervo Museu Paulista (USP).
18. Acervo Museu Paulista (USP).
19. Litografia feita a partir da pintura de James Ramsay via Wikimedia Commons.
20. Acervo Museu Paulista (USP).
21. Acervo Museu Paulista (USP).
22. Acervo Museu Paulista (USP).
23. Autor desconhecido via Wikimedia Commons.
24. Acervo da Biblioteca Brasiliana Guita e José Mindlin.
25. Acervo da Biblioteca Brasiliana Guita e José Mindlin.

OS NOMES DA INDEPENDÊNCIA

26. Acervo da Fundação Biblioteca Nacional – Brasil.
27. Museu Imperial / Ibram / MinC.
28. Acervo da Fundação Biblioteca Nacional – Brasil.
29. Acervo da Fundação Biblioteca Nacional – Brasil.
30. Museu Imperial / Ibram / MinC.
31. Acervo da Fundação Biblioteca Nacional – Brasil.
32. Georgina de Albuquerque / Acervo do Museu Histórico Nacional / Ibram.
33. Acervo da Fundação Biblioteca Nacional – Brasil.
34. © National Portrait Gallery, London.
35. Acervo do Museu Nacional de Belas Artes.

Este livro foi composto na tipografia Adobe Garamond
Pro, em corpo 11,5/16, e impresso em
papel off-white na gráfica Plena Print.